DICTIONNAIRE
DES FAMILLES

QUI ONT FAIT

MODIFIER LEURS NOMS

Depuis 1803 jusqu'en 1865

CONTENANT

LES NOMS, PRÉNOMS, PROFESSION

ET

LIEUX DE NAISSANCE DE CHAQUE INDIVIDU CITÉ

PARIS
HENRI DELAROQUE, LIBRAIRE
21, QUAI VOLTAIRE, 21

LES

CHANGEMENTS DE NOMS

OU

LISTE ALPHABÉTIQUE

D'APRÈS LE *BULLETIN DES LOIS*

DE TOUTES LES PERSONNES QUI ONT OBTENU DU GOUVERNEMENT L'AUTORISATION DE CHANGER OU DE MODIFIER LEURS NOMS PAR L'ADDITION DE LA PARTICULE OU AUTREMENT

Depuis 1803 *jusqu'à* 1865

CONTENANT LES NOMS, PRÉNOMS, PROFESSIONS ET LIEUX DE NAISSANCE DE CHAQUE INDIVIDU CITÉ DANS LADITE LISTE.

REMARQUES A ETUDIER AVANT DE LIRE LA LISTE SUIVANTE

Les noms et prénoms sont écrits, dans la liste suivante, sous la forme où ils sont autorisés à être portés. Les mots en caractères italiques de capitales sont ceux que l'impétrant a été autorisé à joindre à son nom ou à y substituer.

Ainsi, *ABRAND* au lieu d'ABRAHAM indique que M. Abraham a été autorisé à substituer à son nom d'Abraham celui d'Abrand.

ACLOCQUE-*SAINT-ANDRÉ*. Les mots en capitales italiques indiquent que M. Aclocque (André-Gabriel) a été autorisé à ajouter à son nom celui de Saint-André.

ALBERT *de MASSOULIE* (Jean-Joseph) indique que M. Albert a été autorisé à ajouter à son nom celui de : de Massoulie.

On a soigneusement distingué si l'addition est autorisée avec ou sans la particule.

La profession est celle indiquée au *Bulletin* à la date de l'autorisation.

Les lettres D. et O. indiquent le décret ou l'ordonnance qui a autorisé le changement marqué par les mots soulignés.

(Ce travail est dû à M. BUFFIN, secrétaire de mairie à Beaujeu. Il est deveuu, var traité, la propriété de l'Éditeur.)

LISTE ALPHABÉTIQUE

DE

TOUTES LES PERSONNES QUI ONT OBTENU DU GOUVERNEMENT

L'AUTORISATION DE CHANGER OU DE MODIFIER LEURS NOMS

***Depuis* 1803 *jusqu'à* 1866.**

A

BRAND, au lieu d'ABRAHAM (Nicolas), négociant, né à Langres en 1806. D. du 10 juin 1854.

ACLOCQUE-*SAINT-ANDRÉ* (André-Gabriel), chef de Légion à Paris. O. du 31 janvier 1815.

ACOLET-*SALNEUVE* (Jean-Félix), sous-lieutenant, né à Paris en 1817. O. du 12 mai 1840.

AIGOIN *DE MONTREDON* (Jean-David-Joseph-François, ancien sous-préfet, né à Saint-Hippolyte en 1786, et ses deux fils. D. du 3 mars 1860.

AIMÉ-*ROUSTAN* (Victor). O. du 4 septembre 1844.

ALAIN *DE MÉRIONNEC* (Pierre-Charles), né à Paris, le 19 mai 1843. D. du 27 février 1861.

ALBERT (Joseph), de Paris. O. du 8 avril 1846.

ALBERT *de MASSOULIE* (Jean-Joseph), né à Beaulieu (Corrèze) en 1778. O. du 18 novembre 1818.

ALEXANDRE-*DUHEAUME* (Jean-Baptiste). O. du 6 juin 1830.

ALEXANDRE ÉMILE *GIRARDIN*, né à Paris, le 9 mars 1839. D. du 18 novembre 1863.

ALLEMAN-*GUEIT* (Louis-Pierre), de Toulon. O. du 22 août 1838.

ALLEMAND - *GUITTON* (Joseph-Marie), négociant, né à Paris en 1798. O. du 22 février 1821.

ALLEMAND *de ILLENS* (Adolphe-Jules-François), né à Marseille en 1788. O. du 20 décembre 1820.

ALLEYE-*BILLON de CYPREY* (Isidore-Élisabeth-Jean-Baptiste); ANTOINE-ATHANASE-THÉRÈSE; JEAN-LOUIS-ALEXANDRE; THOMAS-JOSEPH-ÉLISABETH et MARIE-THÉRÈSE, nés à la Basse-Terre, Guadeloupe. O. du 6 janvier 1818.

ALMELET, au lieu de MASSON (Jean-Pierre), négociant, né à Avelanges (Côte-d'Or), en 1806. O. du 7 septembre 1832.

ALPHONSE (Alphonse-Jean-Louis-Sébastien), né à Berg en 1779, et ALPHONSE MOÏSE-ABRAHAM. O. du 21 octobre 1818.

AMEY *DE CHAMPVANS* (Claude-François-Louis-Justin-Joseph), sous-préfet, né à Besançon en 1817. D. du 6 octobre 1860.

AMIC-*GAZUN* (Pierre-Joseph-Charles), né à Grasse en 1802. O. du 26 août 1835.

AMIÉ *de GRANGENEUVE* (Louis-Jean-Joseph), capitaine de gendarmerie, né à Orange en 1788. O. du 4 octobre 1820.

AMIÉ *de GRANGENEUVE* (Xavier-Louis-Marius), lieutenant, né à Aix en 1795. O. du 11 septembre 1822.

AMIEL-*DABEAUX* (Joseph-Jean-Louis-Simon), conseiller de préfecture, né à Aurignac en 1829. D. du 16 août 1859.

ASMIEU de BEAUFORT (d'), au lieu de SAINT-MAURICE (François), né à Narbonne en 1795. O. du 6 août 1817.

AMON, au lieu de LOUVEL (Marie-François-Paul-Nicolas), né à Houville en 1752, et FRANÇOIS-PIERRE, son fils, né à Draveil en 1789. O. du 10 octobre 1821.

AMOUROUS, au lieu de GUADALAXARA (Julien-Antoine-François). O. du 16 mars 1837.

ANDRÉ-FOUET, au lieu de FOUET (Jules-Amédée), lieutenant de vaisseau. O. du 21 mai 1846.

ANDRÉ-*BENOIST* (Gustave), de Paris. O. du 4 décembre 1835.

ANGEBAULT, au lieu de QUQU (Louis), plâtrier à Amiens. O. du 12 juin 1845.

ANGELANIE-*DELORME* (Edouard-Henri-Jules), né à Paris en 1824. D. du 31 octobre 1851.

ANGULO-*SAINT-CHARLES* (Ch.-Claude-Barthélemi), notaire à Poitiers. O. du 18 février 1815.

ANOT *de MAIZIÈRE* (Jacques-Cyprien), inspecteur d'académie, né à Saint-Germain en 1792. D. du 18 avril 1860.

ANSELME-*MOIZAN*, à Bordeaux. O. du 9 juillet 1846.

ANTHEAULME *de NOUVILLE* (Louis-Léon), maire de Nouville, né an IX. D. du 1er décembre 1860.

ANTHEAULME *de NOUVILLE* (René-Edmond), conservateur des forêts, né à Reuil en 1806. D. du 2 avril 1859.

ANTONI-*ANTONETTI* (Vincent), né à Nonza (Corse) en 1786. O. du 19 mars 1840.

APPOLINE-*DARSIÈRES* (Pierre-Émile), commerçant, né à la Pointe-à-Pitre le 10 janvier 1833. D. du 24 août 1861.

ARBONNET-*VALMESNIL* (d') (Vigor-Édouard). O. du 7 mars 1815.

ARLÈS-*DUFOUR* (François-Barthélemi), négociant, né à Cette, le 15 prairial an V, son fils mineur, et FRANÇOIS-GUSTAVE, né à Lyon en 1829; et FRANÇOIS-PROSPER-ALPHONSE, né en 1835. D. du 12 novembre 1861.

ARMAND-*BÉCHADE* (Pierre), médecin, né à Miramont en 1797. D. du 9 février 1859.

ARMAND-*DUMARESQ* (Charles-Édouard), peintre, né à Paris en 1826. D. du 24 février 1858.

ARNAUD *de FABRE* (Jean-Baptiste-Joseph), né à Marseille en 1765. O. du 11 février 1818.

ARNAUD *de LANÇON DE LOSTIÈRES* (Élisée-Clément-Prosper), maire, né à Samazan le 6 février 1825. D. du 11 décembre 1861.

ARNAUD-*MASSON* (Iphigénie-Sophie), née à Toulouse en 1818. O. du 8 septembre 1839.

ARNAUD-*SOUMAIN* (Charles-Gustave), négociant à Paris, né en 1830, D. du 25 janvier 1854.

ARON-*DUPERRET* (Gérôme), professeur, né à Soultz en 1818, et ses trois enfants. D. du 16 août 1859.

ARTAUD-*HAUSSMANN* (Louis-Charles-Emmanuel), né à Paris, le 24 octobre 1842. D. du 6 avril 1864.

ASPE-*FLEURIMONT* (Louis-Auguste), négociant, né à Paris, le 3 septembre 1838. D. du 14 mai 1862.

ASSENAT *de PELLEGURS* (Gabriel-Saturnin-Léon), sous-lieutenant, né à Colmar en 1835. D. du 22 décembre 1858.

ASSÉZAT *de BOUTEYRE* (Antoine-Eugène), substitut, né à Paris en 1817. D. du 9 mai 1860.

ASTAIX-*OGIER* (Joseph), caissier de la Banque de France à Bordeaux, né à Mauzot en 1791. D. du 9 juillet 1850.

ASTRIÉ-*ROLLAND* (Marie-Guillaume-Ernest), avocat, né à Ax, le 31 juillet 1827. D. du 2 juillet 1862.

AUBAN-*MOEL-ROMONT* (Camille-Jacques-Victor), négociant, né à Toulon en 1820. D. du 19 mars 1859.

AUBERT-*DEBERLUÈRE* (Jean-Marie-Auguste). O. du 14 février 1815.

AUBIGNY (d'), au lieu de COCHON (Charles-Fursy), né à Péronne, an XII, et son fils GASTON-FURSY. D. du 12 mars 1859.

AUBRY-*BAILLEUL* (Tranquille), lieutenant de vaisseau, né à Englesqueville en 1798. O. du 1er mai 1832.

AUBRY-*LECOMBE* (Charles-Eugène), né à Paris, le 12 juin 1821. D. du 28 novembre 1861.

AUGET-*CHÉDEAUX* (Pierre-Gustave), négociant à Metz. O. du 4 janvier 1833.

AUGIER *de LA SAUZAIE* (Simon-Pierre), né à Tonnay, le 25 septembre 1785, et LÉON, né à Mâcon en 1840. D. du 4 janvier 1862.

AUGUSTIN-*DELALANDE* (Charles-Louis), inspecteur des postes, né à Melle en 1815, et ses enfants. D. du 13 novembre 1859.

AVRANGE *du KERMONT* (d') (Jean-François), valet de garde-robe du roi, né à Saint-Avold en 1753. O. du 10 février 1819.

AYGUEVIVES *de MALARET* (d') (Joseph-Alphonse-Paul-Martin), né à Toulouse en 1820. O. du 6 septembre 1842.

AYMÉ *D'AQUIN* (Auguste-Louis-Victor), diplomate. O. du 18 janvier 1845.

AZÉMA-*MONGRAVIER* (Jean-Auguste), né à Argelliers (Aude), en 1779. O. du 18 septembre 1816.

B

BABILLON-*LUCOTTE* (Armand-François-Marie) et CHARLOTTE-GABRIELLE-HONORINE, nés à Paris en 1797-1800. O. du 30 juin 1814.

BACHEY-*DESLANDES* (Jean-Joseph), magistrat, né à Beaune en 1757. O. du 19 février 1817.

BACON *de SAINS* (Hugues-François), né à Béthune, le 18 avril 1788, et son fils Henri-Léonce, né à Paris en 1827. D. du 27 novembre 1864.

BACOT *de ROMAND* (Claude-René) (le baron), né à Paris en 1782. O. du 4 juillet 1821.

BACOURT-*MAILIART* (Pierre-Fourrier-Alexis de). O. du 10 janvier 1815.

BACQUA *de LABARTHE* (Joseph-Napoléon), né à Nérac le 28 floréal an XII. D. du 8 mai 1861.

BADIOU-*BANZAC* (Jean-Jacques), maire de Solignac-sur-Loire, et ses enfants. D. du 22 avril 1854.

BAILLE *de CASELBONNE* (Frédéric-Henri), receveur des finances, né à Montpellier, le 24 mars 1812. D. du 26 juin 1861.

BAILLEUX *de MARISY* (Victor-Alexandre), ancien préfet, né à Saint Georges-en-Auge en 1815. D. du 7 décembre 1859.

BAIN-*BOUDONVILLE* (François-Louis), chef d'escadron. O. du 8 novembre 1838.

BALATHIER-*CONIGHAM* (comte de), au lieu de LANTAGE (Marie-Scipion-Joseph-Gabriel-François), officier, né à Villargois, le 9 mars 1798. O. du 27 août 1828.

BALBY-*VERNON* (Joseph-Adolphe-Léon), sous-lieutenant. né à Montfaucon en 1799. O. du 29 décembre 1824.

BALLAINVILLIERS, au lieu de BOUSQUET (Clara-Louise-Amable), et ANNE-MARIE-LOUISE-ARSÈNE. O. du 11 juin 1817.

BALLAND D'AUGUSTEBOURG *de VARAMBON* (Jean-François), capitaine, né à Paris en 1754. O. du 10 avril 1822.

BALLUET D'ESTOURNELLE *CONSTANT de REBECQUE* (Louis-Benjamin-Léon), né à Bressans (Jura) en 1817. O. du 14 octobre 1831.

BARATON-*D'ÉTAT* (Philippe). O. du 28 février 1815.

BARBAULT *de LA MOTTE* (Henri-Denis-Eugène), magistrat, né à Poitiers, an IV. D. du 24 mars 1860.

BARBET *de JOUY* (Jacques-Just), consul, né à Rouen en 1785, et ses deux fils, JUST et JOSEPH-HENRI. D. du 5 juillet 1859.

BARBET-*MASSIN* (Paul), chef d'institution, né à Tours en 1800. O. du 4 septembre 1840.

BARBIER *d'AUCOURT* (François), référendaire à la chancellerie de France. O. du 21 février 1815.

BARBIER *de FELCOURT* (François-Étienne), né à Châlons-sur-Marne, le 25 août 1744. O. du 17 mai 1826.

BARBIER SAINT-AUGE-*HIRVOIX* (Marie-Eugénie-Claire), née à Paris, le 13 mars 1832. D. du 4 mai 1861.

BARBILLOT, au lieu de *VAUTRIN* (Antoine-Jean-Baptiste), né à Nancy en 1809. O. du 28 juillet 1820.

BARDONNET *HYDE de NEUVILLE* (de) (Guillaume-Henri), propriétaire, né à Sancerre, le 12 septembre 1838. D. du 30 avril 1862.

BARLUET *de BEAUCHESNE* (Jean-Baptiste-Aimé), né à Aigurande en 1814, et ses enfants. D. du 5 juillet 1859.

BARON DE MONCUIT-*BOISCUILLÉ* (Pierre), de Rennes. O. du 13 décembre 1814. (Bull., sér. 5, t. II, p. 615.)

BARRÉ-*LEPROUX* (Simon-Roland-Marin). D. du 4 mai 1815.

BARTE *de SAINTE-JURE* (Alexandre-Napoléon), conservateur des forêts, né à Metz, le 19 février 1806, et ses enfants, ELISABETH-AMÉLIE et ARTHUR. D. du 12 janvier 1861.

BARTE-*SAINTE-FARE* (Jean-Baptiste-Joseph), officier, chevalier de Saint-Louis. O. du 26 juin 1816.

BARTH, au lieu de GSELL (Charles-Adolphe). O. du 18 juillet 1838.

BARTHELEMY *des RUDROIS* (François-Dominique-Barbe) (le chevalier), colonel, né à Faucogney (Haute-Saône), en 1771. O. du 19 février 1817.

BASSEZ-*PRÉVILLE* (Dominique-Jean-Adolphe), fabricant, né en 1798, et ses enfants. D. du 29 août 1854.

BASTIEN-*ARTHAUD* (Pierre-Joachim), médecin, né à Grenoble, le 30 novembre 1820. D. du 28 juillet 1862.

BATALHA, au lieu de CHOL (Antoine-Paul). D. du 26 juillet 1849.

BAUDELET *de LIVOIS* (Ferdinand-Maximilien-Joseph) (le baron), né à Arras en 1802. O. du 26 juillet 1829.

BAUDIN-*AURIL* (Victor et Sophie), nés à la Basse-Terre en 1820-1823. D. du 13 janvier 1850.

BAUDOIN-*MACKER* (Louis-Denis-Philippe), marchand de bois, né à Neuilly, le 23 mai 1842. D. du 23 décembre 1863.

BAUDOIN-*SAINT-FIRMIN* (Edme-Claude), chef d'escadron, né à Moloy en 1774. O. du 13 octobre 1819.

BAUDON DE MONY-*COLCHEN* (Charles-Victor-Auguste), conseiller à la Cour des comptes, né à Paris en 1812. O. du 26 mai 1842.

BAUDOUX-*CHESNON* (Armand), de Paris. O. du 15 décembre 1846.

BAUNY *de RECY* (Albert-Pierre-Marie), directeur d'enregistrement, né à Châlons-sur-Marne, le 15 fructidor an XII. D. du 2 février 1861.

BAZIN *de JESSEY* (Jules-Jean-Joseph), armateur, né à Dinan, en 1810. D. du 3 octobre 1859.

BAZIN *de RAUCON* (Anaïs), avocat, né à Paris, an V. O. du 25 avril 1834.

BEAUCORPS-CRÉQUY (de) (Auguste-Ferdinand, comte), officier. O. du 11 octobre 1815.

BEAUDESSON-*RICHEBOURG* (Louis-Henri-Joseph), contrôleur des postes.

BEAUDESSON de POINCHI-RICHEBOURG (Auguste-Gaspard), directeur des postes. O. du 6 mars 1816.

BEAUREPAIRE *LA MARCHE* (de) (Antoine-Félix), né à Paris en 1836, fils du comte de ce nom. O. du 16 août 1843.

BEAUVISAGE-*THOMIRE* (André-Antoine), né à Paris en 1767. O. du 29 juillet 1821.

BÉGOUEN-*DEMEAUX* (André), fils du conseiller d'État comte Bégouen. O. du 6 septembre 1814. (Bull., série 5, t. II, p. 234.)

BÉGUIN-*BILLECOCQ* (Paul-Antoine), avocat. O. du 3 février 1830.

BELHOMME *de CAUDECOSTE* (Ambroise-Antoine), né à Claye en 1806. O. du 22 septembre 1824.

BELJAME, au lieu de *BELJAMBE* (Alexandre-Michel), né à Paris en 1791, et ALPHONSE-EUGÈNE, né à Paris en 1793. O. du 8 janvier 1823.

BELLOC-*FEUQUIÈRES* (de) (Charles-Thomas), lieutenant-colonel, né à Paris en 1767. O. du 9 septembre 1818.

BELLOT *de KERGARRE* (Alexandre), officier. O. du 27 mai 1831.

BÉLOUZE, au lieu de COIGNARD (Isidore-Félix), officier, né à Longeais en 1786. O. du 2 août 1820.

BENOID-*PONS* (Pierre), juge, né à Murot (Cantal) en 1801. O. du 27 décembre 1847.
BENOIST *d'AZY* (Denis), maître de forges, député. O. du 29 juin 1847.
BENOIST — *CHAMPMONTANT* (Urbain-Jean-Baptiste-François-de-Sales), capitaine d'état-major, né à Moulins en 1787. O. du 30 juillet 1823.
BENOIT-*CHAMPY* (Adrien-Théodore), avocat, et son fils BERNARD-GABRIEL. O. du 18 juin 1846.
BENOIT-CATIN (supprimé) (Rose-Catherine), née à la Côte-Saint-André, an XIII. O. du 28 janvier 1841.
BENOIT *de SAINT-CHRISTOL* (Jean-François-Jules), magistrat, né à Valiguières, le 19 août 1795. O. du 31 août 1828.
BERCKEM, au lieu de CAUCHON (Louis-Ferdinand-Amable). O. du 12 novembre 1837.
BERENGER-*FÉRAUD* (Laurent-Jean-Baptiste), chirurgien de marine, né à Saint-Paul-du-Var, le 9 mai 1832. D. du 7 février 1863.
BERGASSE *du PETIT-THOUARS* (Abel-Nicolas-Georges-Henri), élève de marine, né à Bordeaux en 1832. O. du 17 février 1848 (Bull. 1851.)
BERGER-*CASTELAN* (Aimé-Jean-Auguste-François) (le baron), né à Thionville en 1769. O. du 2 juillet 1817.
BERGER-*LEVRAULT* (François-Georges-Oscar), imprimeur-libraire, né à Strasbourg, le 9 mai 1826. D. du 7 mai 1862.
BERGER-*SCHŒFFER* (Jean), né à Andernach (Prusse) en 1778. O. du 13 juin 1821.
BERGE-*VERLAQUE* (Adolphe-Marius-Félix), né à Toulon en 1830, et ALPHONSE-JULES, né en 1832. D. du 3 août 1859.
BERMEILLY, au lieu de ZOZO (Joseph-Euphémie), né à la Martinique en 1790, et ses enfants. D. du 22 avril 1846.
BERNARD-*BLANC* (Hippolyte-Juges), commis d'agent de change, né à Paris, le 23 janvier 1829. D. du 4 novembre 1863.
BERNARD-*SAINT-AFRIQUE* (Louis), né à Volerangue en 1771. O. du 24 février 1819.
BERNÈS-*DUBOSC* (Julien-Jean-Jacques), né à Auch en 1831, et LOUIS-JEAN-BERNARD, né en 1836. D. du 9 mai 1860.
BERNIER-*MALIGNY* (Laurent-Joachim-Xavier, né à Montreuil-Bellay en 1758. O. du 2 octobre 1822.
BERR *de TURIQUE* (Berr-Isaac), manufacturier à Nancy. O. du 12 mai 1819.
BERR-*TURIQUE* (Berr-Isaac), manufacturier à Nancy. O. du 8 février 1815.
BERTHOUD-*HERMAND* (Pierre), propriétaire, né à Arnay-le-Duc en 1783 O. du 3 octobre 1821.
BERTIN-*AUBIGNY* (Jean-Baptiste-Augustin-Paul), né à Dijon en 1783, conseiller à la Cour de Paris. O. du 7 mars 1815.
BERTRAND-*MAILLEFER* (Louis-Théodore), notaire, né à Briey en 1819. D. du 28 juin 1854.
BERTRAND-*TAILLET* (Georges-Onézime), avocat, né à Paris en 1814, et LOUIS-ATHANASE, son frère, né en 1819. D. du 4 avril 1857.
BERTRAND *de LAFLOTTE* (Aimé-Auguste), capitaine de gendarmerie, né à Paris, le 9 novembre 1823. D. du 13 août 1864.
BESSIRARD, au lieu de COQUIN (Charles), né à Saumur, le 8 août 1783, et ses trois enfants. O. du 31 août 1828.
BETHUNE *de SULLY* (de), au lieu de PENIN (la comtesse), et ses deux fils MAXIMILIEN-LÉONARD-MARIE-LOUIS-JOSEPH et CHARLES-LOUIS-MARIE-FRANÇOIS). O. du 16 octobre 1816.
BEURET *de VIANTAIX* (François-Henri), lieutenant de vaisseau, né à Chaucenne (Doubs) en 1822. D. du 12 avril 1856.
BEZANÇON-*DAUREVILLE* (Louis-Eustache-Léonce), né à Paris en 1821, D. du 30 décembre 1850.
BIÈVRE (Jacques), né à Versailles en 1860. O. du 19 novembre 1817.
BIGARD-*FABRE* (Philibert-Antoine-Alexis), avocat à Paris. D. du 22 octobre 1849.
BILLARD *de SAINT-LAUMER* (Germain-Dominique-Laumer), juge, né à Chartres en 1806; FRÉDÉRIC-LAUMER-DOMINIQUE, né en 1814; et VICTOR-LUDOVIC-LAUMER, né à Paris en 1834. D. du 16 février 1859.

BILLAS-*ESTADENS* (Guillaume), né à Toulouse en 1781. O. du 10 mai 1839.
BILLAS-*ESTADENS* (Guillaume-Marie), né à Toulouse en 1788. O. du 10 mai 1839.
BILLEBAULT - *VILLEPRÉVOIR* (Jean-Baptiste), né à Saint-Florentin (Yonne), en 1760. O. du 11 septembre 1816.
BINET, au lieu de *LEBOUGRE* (Louis), né à Chartres en 1801. O. du 26 novembre 1823.
BISTOS-*VAYSSE* (Jean-Pierre), maire de Martisserre (Haute-Garonne). O. du 14 mars 1815.
BLANC *de MANVILLE* (Louis-François-Alexandre), né à Francfort-sur-le-Mein, le 26 avril 1846. Même autorisation à sa mère, madame GAUDIN, propriétaire à Paris. D. du 23 février 1846.
BLANC, au lieu de PÉTION (Zéphyrin), lieutenant. O. du 24 mai 1815.
BLANC, au lieu de PÉTION (Zéphyrin), capitaine de grenadiers. O. du 21 septembre 1815.
BLANC-*COSTE* (Joseph-Hippolyte). O. du 15 juillet 1842.
BLANC-LANAUTE *d'HAUTERIVE* (Joseph-Bruno), lieutenant, né à Corps, le 14 novembre 1763. O. du 13 février 1828.
BLANCART *des SALINES* (Victor-Marie-Amédée) et ERNEST, propriétaires à Saint-Pierre-lès-Calais. D. du 17 mai 1854.
BLANCHARD-FORGES (Charles), officier, né à Versailles en 1793; CHARLES-LOUIS-ERNEST, capitaine, né en 1825, et ALBERT-HENRI, né en en 1833. D. du 27 mai 1857.
BLANCHÉ-*ARRAULT* (Charles-Louis), né à Paris, le 10 novembre 1841. D. du 14 mars 1863.
BLANCHET (Joseph), pharmacien, né à Digne, an VIII. O. du 14 novembre 1834.
BLANQUART *des SALINES* (Justine-Clara-Philippine), propriétaire, née à Paris, le 10 janvier 1824, et ERMINE-ELÉONORE, née en 1826. D. du 29 juillet 1861.
BLAY-*CAHUZAC* (Louis-Hyacinthe-Jean-Jacques-Agricole). O. du 1er août 1837.
BLIGNY - *BONDURAND* (Alexis-Adolphe), lieutenant d'état-major. O. du 13 avril 1836.
BOBÉ *de MOYNEUZE* (Augustin-Joseph), officier, né à Paris, le 9 mai 1795. O. du 19 juillet 1826.
BOBIERRE *de VALLIÈRE* (Charles-Yoric), propriétaire, né à Paris, le 19 vendémiaire an IX. D. du 1er juillet 1861.
BOCQUET-*BROCARD* d'ANTHENAY (Alexandre-Louis-Ernest), ingénieur, né à Moussy (Marne), en 1801. O. du 17 juin 1835.
BODIN-*DESMOLANDS*, né à La Flèche en 1774. O. du 23 octobre 1816.
BOEHEM-*STEINHILBER* (Louis-André-Antoine), capitaine d'infanterie. O. du 28 février 1815.
BOHRER-*KREUTZNACH* (Barthélemi-Magdelaine-Alfred), propriétaire, né à Lyon en 1823, et CLAUDE-FÉLIX, né en 1829. D. du 28 mars 1860.
BOILLETOT *de BÉMONT* (François-Marie), capitaine de gendarmerie, né à Langres en 1775. O. du 3 septembre 1817.
BOIS *de MOUZILLY* (Théodore), député, né à Châteaulin, le 19 juillet 1813. D. du 28 mars 1861.
BOIVIN-*CHAMPEAUX* (Charles), conseiller à la Cour de Rouen, né à Beaumesnil, an V; et LOUIS, procureur impérial, né en 1823. D. du 1er août 1860.
BOLTZ-*ESLON* (François-Antoine), de Thann (Haut-Rhin). O. du 25 avril 1815.
BON-*CHABRAN* (Paul-Louis-Joseph-Charles), propriétaire à Avignon. O. du 20 juin 1844
BONIFACE-*MÉDU* (Charles-Amédée), sous-lieutenant, né à Cambrai en 1817 D. du 27 mai 1854.
BONNEAU *du MARTRAY* (Charles-François-Alexandre) et LOUIS-ADRIEN. D. de 1859.
BONNEFOY-*SIBOUR* (Jacques-Adrien), propriétaire, né à Dieulefit en 1821. D. du 31 mars 1858.
BONNET-*BEAUMONT* (Marie-Pierre-Antoine), sous-lieutenant de cavalerie, né à Aubagne en 1794. O. du 30 juillet 1817.
BONNET *de CASTRES* (Jean-Charles-Alexandre), né à Lausanne en 1808. O. du 18 août 1819.

BONNET *de CHABOULON* (Henri-Edouard), receveur des finances, né à Paris en 1824. D. du 26 juillet 1854.

BONNET-*FICHET* (Clovis-Louis), serrurier-mécanicien, né à Dammartin (Seine-et-Marne), le 20 avril 1820. D. du 28 janvier 1863.

BONNEVILLE *de MARSANGY* (Arnould), conseiller à la Cour de Paris, né à Mons, an X; LOUIS-ARNOLD, né à Nogent-le-Rotrou en 1839; et FRÉDÉRIC-ROBERT, né à Versailles en 1849. D. du 10 octobre 1859.

BONNIER *de LUYENS* (Isidore-Ernest-Marie), rentier, né à Lille en 1792, et ses deux fils. D. du 19 janvier 1859.

BONNINIÈRE (de la) DE BEAUMONT *de VILLEMANZY* (le Cte) (Théodore), né à Lhommes (Sarthe), en 1791. O. du 12 mai 1824.

BONNIOT *de SALIGNAC* (Pierre-Abraham-Jules), conseiller à la Cour de Paris, né à Trèves, an VII. D. du 2 mai 1860.

BONNOT *de MABLY* (Henri), capitaine, né à Biviers en 1824. D. du 21 novembre 1858.

BONY-*NESS* (Louis-Edouard), négociant à Paris. O. du 4 novembre 1835.

BOQUILLON-*WILHEM* (Alexandre-Jean-Baptiste), né à Paris en 1811. O. du 17 novembre 1843.

BORDES *LECORDIER DE LA PORTE* (Charles-Nicolas-Adolphe), né à Bayeux, an XII. O. du 30 août 1832.

BORÉ-*VERRIER* (Louis-Pierre), chef d'escadron de lanciers, né à Paris en 1784. O. du 22 décembre 1818.

BOREL *de BRETIZEL* (Eustache-Charles-René-Léon). O. du 8 mars 1844.

BORELY *de LA TOUCHE* (Louis-François-Auguste), secrétaire d'ambassade, né à Paris, le 30 décembre 1821 D. du 30 octobre 1861.

BORNE *de FAINS* (Joseph-Gilbert-Amable), chef de bataillon. O. du 27 mai 1831.

BOSCARY *de ROMAINE* (Jean-Baptiste-Antoine), propriétaire, né à Régnie (Rhône), an XII. D. du 14 juillet 1860.

BOSCARY *de VILLEPLAINE* (Jean-Charles-Louis), de Paris. O. du 4 septembre 1840.

BOSCARY *de VILLEPLAINE* (Edouard-Georges), de Paris. O. du 15 décembre 1846.

BOSCARY *de VILLEPLAINE* (Jean-Baptiste-Joseph), agent de change, né à Lyon en 1757. O. du 11 février 1820.

BOSMELET, au lieu de THOMAS (Gabrielle-Léontine-Opportune), MARIE-CAROLINE-EUDOXIE, AUGUSTINE-CLÉMENCE, nées à Auffray, près Dieppe. O. du 15 août 1827.

BOSSERONT-*DANGLADE* (Gustave-Armand), consul. D. du 18 décembre 1848.

BOSSY, au lieu de BOSSU (Roger-Edme-François), juge de paix, né à Mortcerf en 1798, et ses trois enfants. D. du 16 juin 1855.

BOTH de TAUSIA (Pierre-Paul) (le vicomte, né à Bordeaux en 1778. O. du 18 juin 1817.

BOUCHÉ-*APPERT* (Nicolas-Marie), né à Paris en 1797. O. du 19 mai 1819.

BOUCHER-*DUMINGUY* (Bernard-Pierre), adjudant-major, né à Paris en 1785. O. du 1er août 1821.

BOUCHER *de PERTHES* (Jacques), né à Réthel en 1786. O. du 16 septembre 1814.

BOUCHEREINE DE CHAUMEILS *de LACOSTE* (Louis-Michel), né à Pradelles en 1798. O. du 25 novembre 1829.

BOUCHET-*CHAUMONT* (Jean-Baptiste-Charles), officier, né à Angerville en 1795. O. du 3 décembre 1817.

BOUCHET *de CHAUMONT* (Etienne-Joseph), militaire, né à Angerville en 1796. O. du 26 mai 1819.

BOUCHON-*GARNIER* (Aimé), né à Toul, an II, conseiller à la cour de Metz. O. du 15 juillet 1842.

BOUDARD-SAINT-JAMES-*GAUCOURT* (Sylvain-Mathias-Emmanuel), avocat, né à Versailles en 1805. O. du 8 mai 1841.

BOUDET *de PARIS* (Etienne), juge, né à Laval en 1807. O. du 23 juin 1841.

BOUDIN-*LARRY de FONTENELLES* (Louis-Nicolas), capitaine de cavalerie. O. du 3 juillet 1816.

BOUDIN-*ROVILLE* (François-Louis), maréchal de camp. O. du 24 mai 1816.

BOUDIN *de VESVRES* (Jean-Baptiste), avocat, né à Paris, an III. D. du 14 juin 1859.

BOULLENOIS-*SÉNUC* (Guillaume-Louis-Marguerite), officier de la garde nationale de Paris. O. du 10 juillet 1816.

BOULLIN-*SAINT-AMAND* (Louis-François-Xavier). O. du 12 mai 1846.

BOURDON-*DUSSAUSSEY* (Constantin-Charles-Joseph-Michel), directeur des contributions directes, né à Namur, le 15 thermidor an VII. D. du 29 décembre 1860.

BOURGEOIS-*SAINT-PAUL* (Charles-Louis), né à Versailles en 1761. O. du 30 septembre 1818.

BOURGEOIS, au lieu de QOQU (Charles-Jean-Baptiste), bijoutier, né à Paris en 1820, et sa fille CAROLINE-THÉRÈSE-JOSÉPHINE. D. du 16 août 1851.

BOURGNON *de LAYRE* (de) (Armand-Elzéar) (baron), capitaine d'infanterie. O. du 13 septembre 1815.

BOURGUIGNON DE SAINT-MARTIN *de FRÉGOSC* (Jean-César-Louis-Philibert) de Saint-Pons (Hérault). O. du 20 mars 1838.

BOURLON DE CHEVIGNÉ-*MONCEY* (François-Louis-Charles), né à Cruos (Ardèche) en 1780. O. du 24 mars 1819.

BOURNET-*AUBERTOT* (Jean-Hector), négociant à Paris. D. du 14 août 1854.

BOURQUENOD-*CHRESTIEN* (Pierre-Félix-Gustave), médecin, né en 1812. O. du 28 janvier 1841.

BOUSSÉS *de FOURCAUD* (Olivier), maire, né à Mirande en 1771. O. du 2 juin 1819.

BOUTAUD-*LA VILLÉON* (de) (Hippolyte-Alfred), né à Tournon en 1801. O. du 7 juillet 1824.

BOUTHILLIER (de) *LOUIS-CHARLES* (Joseph-Léon-Stanislas) (le marquis), né à Toulon en 1815. O. du 28 février 1815.

BOUTHILLON-*ROMENAY*, au lieu de LA SERVETTE (Claude-François-Nicolas), ancien seigneur de *la Servette*, ancien avocat général à la chambre des comptes.

BOUTHILLON DE *LA SERVE*, au lieu de LA SERVETTE (Alfred-François-Louis), propriétaire, et JULES-MARIE. D. du 28 novembre 1861.

BOUTON *d'AGNIÈRES* (Constant-Eloi), médecin-major, né à Béthune, le 31 mars 1815. D. du 14 mars 1863.

BOUTON-*DURIER* (Marie-Louise-Marguerite), née à Valence, le 22 janvier 1815, et BOUTON (Marie-Louise-Caroline-Emma), institutrice, née à Lyon, le 8 juin 1838. O. du 7 novembre 1833.

BOUVET-*VANNIER* (Jean-Pierre), clerc d'avoué à Paris. D. du 22 octobre 1849.

BOVÉE-MICHAUT (Joseph-Hubert), chef d'escadron, né à Void en 1772. O. du 23 juillet 1817.

BOYARD *des MARCHAIS* (Pierre-Martin), capitaine. O. du 31 janvier 1855.

BOYER *de SAINTE-SUZANNE* (de) (Charles-Victor-Émile), de Lille. D. du 27 décembre 1847. (Bull. 1854).

BOYS D'HAUTUSSAC *de PRAVIEUX* (Louis-Antoine-Lambert), né à Saint-Laurent-du-Pape (Ardèche) en 1817. O. du 7 novembre 1821.

BOYSSON *d'ECOLE* (Pierre-Antoine-Dominique), receveur des finances, né à Ecole-en-Bennye, le 3 mai 1808. D. du 14 juin 1861.

BRÉMARD, au lieu de POCHARD (Narcisse), propriétaire, né à Paris en 1794; HENRI, avoué, né à Paris en 1823, et ses enfants, HIPPOLYTE-ALBERT et LOUIS-MAURICE; ERNEST, né à Paris en 1829; ALFRED, né à Paris en 1832. D. du 29 septembre 1856.

BRENENET-*CAUMONT*. O. du 23 décembre 1817, révoq. par O. du 12 mai 1819.

BRETENET-*CAUMONT* (Elie-Joseph), chef d'escadron, né à Sarlat en 1780. O. du 23 décembre 1817.

BRIDET *d'AUTREMONT* (Henri-Léopold), né à New-York, le 7 avril 1833, et JULES-FERNAND, né à Chantilly, le 30 mai 1838. D. du 23 novembre 1862.

BRIÈRE DE MONDETOUR-*VALIGNY* (Clément-François-Marie), né à Saint-Chéron-Montcouronne en 1785.

BRIERRE *de BOISMONT* (Alexandre-Jacques-François), médecin, né à Rouen, le 27 vendémiaire an X. D. du 30 octobre 1861.

BRILLAUD *de LAUJARDIÈRE*

(Émile-Camille), receveur d'enregistrement, né à Nantes en 1821. D. du 18 avril 1860.

BRIVES-*CAZÈS* (Jacques), commissaire-priseur, né à Cahors en 1794. O. du 25 avril 1834.

BROCARD - *DOUMERC* (Adrien-Léon), propriétaire, né à Paris en 1801. D. du 27 septembre 1852.

BROUGNON-PERRIÈRE, au lieu de GUEN (Jacques), professeur, né à Bordeaux. O. du 27 mars 1816.

BRUGEROLE *de FRAISSINETTE* (Claude-Marie-Henri), juge de paix, né à Moissac, le 4 juillet 1826. D. du 26 février 1862.

BRUGUIÈRE-*FONTENILLE* (Louis-Bernard), négociant, né à Clermont (Hérault) en 1798. O. du 19 septembre 1821.

BRUN-LAROCHETTE, au lieu de VINAY-CROZAT (Louis-Ferdinand) et AUGUSTINE-JULIE, de Bourdeaux (Drôme). O. du 30 juillet 1846.

BRUNET *de PRESLE* (Charles-Marie-Wladimir), membre de l'Institut, né à Paris en 1809, et ses enfants. D. du 5 décembre 1860.

BBUNET-*MILLET* (Joseph-Henri), lieutenant de vaisseau, né à Paris, le 25 septembre 1821. D. du 9 avril 1862.

BUCAILLE *de LITTINIÈRE* (Narcisse), propriétaire, né à Saint-Lô, le 24 septembre 1806. D. du 19 avril 1862.

BUCQUÉ *de SARIAC* (Louis-Adrien), rentier à Baran, né à Auch, le 24 juin 1842. D. du 13 août 1864.

BUISSON-*VIANY* (Honoré-Emmanuel-André), payeur, né à Fréjus en 1786. O. du 19 février 1817.

BULTET-*BOURDON* (Louis-Alexandre-Adolphe), percepteur, né à Dieppe, le 15 juillet 1810. D. du 28 novembre 1861.

BUNOT *de CHOISY* (Pierre-Catherine-Alexis), né à Champigny-sur-Marne en 1779. O. du 16 septembre 1818.

BUORD *de CUISSARD* (de) (Auguste-César), de Verchers. D. du 11 avril 1850.

BURET *de SAINTE-ANNE* (Joachim-Joseph-Henri-Adolphe), inspecteur des finances, né à Paris, an VII. D. du 5 juillet 1859.

BURGUIÈRE, au lieu de BANCAL (Jean-Antoine), gargotier, né à Rodez en 1822. O. du 29 septembre 1824.

BURGUIÈRE, au lieu de BANCAL (Jean-Joseph), né à Rodez en 1812. O. du 17 septembre 1844.

BURIN *du BUISSON* (Jean-Joseph-Baptiste), lieutenant, né à la Tour, le 25 septembre 1823. D. du 27 février 1861.

BUSSIÈRE *de NERCY DE VESTU* (Charles-Marie-Onésime), né à Soissons en 1830. D. du 19 décembre 1860.

BUSSON-*BILLAULT* (Julien-Henri), avocat à Paris, né à Joigny, le 24 juillet 1823. D. du 17 février 1864.

BUSSY, au lieu de GOYOT (Léopold-Louis-Hippolyte), né à Paris en 1819. O. du 5 décembre 1842.

C

CACHELEU DE FRESNE, au lieu de LOUVEL (Alphonse), officier, né à Montreuil-sur-Mer en 1773. O. du 30 août 1820.

CAHEN-*BEUEL* (Lazare), propriétaire, né à Toul, le 23 novembre 1817. D. du 5 avril 1862.

CAILLOU DE VALMONT, au lieu de VIRION (Jean-François), contrôleur des postes, né à Saint-Avold en 1797, et ANNE-ELISABETH, née au même lieu en 1796. O. du 11 février 1818.

CAIX *de SAINT-AYMOUR* (de) (Marie-Joseph-Victor), propriétaire, né à Amiens en 1809; LOUIS-MARIE-LÉONCE, maire, né en 1810; et CHARLES-LOUIS-MARIE-OSWALD, né en 1812. D. du 14 juin 1859.

CALMELS-*PUNTIS* (de) (Jean-Benoît), magistrat, né à Jegun, le 3 messidor an IV. D. du 7 novembre 1861.

CALOUIN-*TREVENFEST* (de),

baron de TRÉVILLE (Pierre-Charles-Marguerite), capitaine d'infanterie. O. du 30 août 1815.

COMBRET-LANAUZE, au lieu de BOURRICAULD (Jean), propriétaire, né à Galgon, le 16 octobre 1791; PIERRE, né en 1830; et JEAN-ÉMILIEN, né en 1832. D. du 29 octobre 1862.

CAMET-*BLANCHET* (Louis-Marie), de Samognat (Ain). D. du 25 janvier 1813 (Bull., sér. 4, t. XVIII, p. 357.)

CAMILLE, au lieu de LAVACHE (François-de-Salle-Pierre-Isidore), relieur, né à Auquainville, le 29 janvier 1827. D. du 27 février 1831.

CAMILLE-*HOUDAILLE*. O. du 22 septembre 1841.

CAMPI (Julie), née à Neuilly en 1804. O. du 17 avril 1820.

CAMPIGLIA-*COLONNA D'ORNANO* (Jérôme-Proto-Étienne), propriétaire, né à Ajaccio en 1807; et ses enfants. D. du 13 août 1856.

CAMPREDON-*DUCROS-PAPON-MARCOULX de COUTELAS* (de) (Marguerite-Marie-Gentil-Joseph-Xavier-Julien), garde du corps. O. du 13 mars 1816.

CAMUSAT-*BUSSEROLLES* (Jacques-Pierre-Charles), juge, né à Troyes en 1810. D. du 18 avril 1860.

CAMUSAT-*SAINT-EDME* (Edme-Pierre-Alexandre), notaire à Paris, né à Isles-Aumont en 1771; et JULES-AUGUSTE-JEAN, né à Paris en 1802. O. du 1er octobre 1817.

CANTILLON-*BALLYHIGUE* (Antoine-Sylvain), major de hussards, né à Paris en 1789. O. du 18 décembre 1839.

CAPELLE *de CASA-PALACIO* (Jean-Eugène), né à Bordeaux en 1833. D. du 12 juin 1856.

CAPITANT *de VILLEBONNE* (Aignan-Anatole), propriétaire, né à Orléans en 1815. O. du 2 février 1859.

CAPON-*VEILLON* (Émile-Noël-Vincent), né à La Rochelle en 1810. O. du 22 août 1844.

CARABÈNE-*D'ECHAUZ* (de) (Jacques-Joseph), officier de cavalerie, né à Avignon en 1785. O. du 20 octobre 1819.

CARON-*NOEL-LESIEURRE de CROISSY* (Théodore), né à Amiens le 24 octobre 1840.

CARRED, au lieu de CAHEN (Alexandre), né à Metz en 1785. O. du 23 juillet 1817.

CARRÉ-*ELLIS de LA SERRIE* (Marie-Joseph), né à la Rochelle en 1766. O. du 11 juillet 1821.

CARRIER-*DANGENY* (Basile), d'Aurillac, commissaire des guerres. O. du 17 juillet 1816.

CARUEL-*SAINT-MARTIN* (Jean-Baptiste), maire de Chesnoi, né à Rouen en 1757. O. du 21 janvier 1818.

CASANELLI *d'ISTRIA* (Toussaint-Archange), évêque, né à Vico, en Corse, le 24 octobre 1794. D. du 20 février 1761.

CASSIN-*KOINLIS* (Auguste-Raoul), officier, né à Tours en 1797. O. du 27 avril 1825.

CASTELBERT-*CASTELVERD* (Jean), lieutenant général, né à Montauban en 1743. O. du 19 mars 1817.

CASTIN DE GUÉRIN *de LA MAGDELEINE* (Charles-Joseph), propriétaire, né au Touches-de-Périgné. D. du 29 juillet 1861.

CASTINEL *de MAZIÈRE DE SAINT-MARCEL* (Adolphe-Théodore), né à Boulogne en 1811. O. du 30 décembre 1829.

CATHERINE dit *CHATELAIN* (Étienne-Alexis), commissaire de police, né à Airoines (Somme) en 1771. O. du 11 décembre 1822.

CAUSSE (Jean-Baptiste), greffier, né à Narbonne en 1809. D. du 29 novembre 1848.

CAUSSIN *de PERCEVAL* (Jean-Jacques-Antoine), membre de l'Institut, né à Montdidier, le 20 juin 1759; et ses trois fils. O. du 9 mai 1827.

CAVAIGNAC-*BARAGUE* (Jacques-Marie), lieutenant général, né à Gourdon en 1774. O. du 6 août 1817.

CAZENAVE (Jean-Baptiste), négociant à Bayonne. O. du 15 juillet 1842.

CHABANNE-DUPEUX (de) (Pierre-Sylvain), agent forestier à Fontenay-le-Comte. O. du 28 février 1815.

CHABANNE-*HUDSON* (Charles-Simon), négociant, né à Versailles, le 22 mars 1827. D. du 23 octobre 1861.

CHAMBARON, au lieu de CHICANEAU (Antoine-Auguste), préfet, né à Paris, le 25 août 1814. D. du 25 décembre 1861.

CHABERT-*PLANCHEUR* (Étienne), propriétaire, né à Antibes an VI. O. du 21 janvier 1847.

CHAILLOU-*DESBARRES* (de) (Claude-Étienne), ancien préfet, né à Beaumont-la-Ferrière (Nièvre). O. du 20 mars 1816.

CHALLAN-*BELVAL* (Joseph-Pierre), percepteur, né à Noyers, le 24 floréal an XIII. D. du 25 avril 1863.

CHALUMEAU *de VERNEUIL* (Abner-Théodore), né à Saint-Gaultier (Indre) en 1798. O. du 7 avril 1830.

CHAMBRIE, au lieu de COCU (Alphonse-Alix), négociant à Tailly (Somme). O. du 2 septembre 1836.

CHAMPRÉ, au lieu de LECHIEN (François-Joseph), cultivateur, né à Plouer an IV; et ses trois enfants. D. du 26 juillet 1854.

CHARBONNIER-*BELLOY* (Louis-François), maire de Verberie, né à Pont-Sainte-Maxence. O. du 28 février 1815.

CHARLEMAGNE-AUGUSTIN, au lieu de LOUIS, lieutenant-colonel. O. du 7 septembre 1815.

CHARLEMAGNE, au lieu de LOIGNON (Charlemagne-Alexandre), négociant, né à Amiens en 1774; et CHARLEMAGNE-ANTOINE, né à Paris en 1819. O. du 11 août 1841.

CHARLES-*POITEVIN-DEMOURGUES* (Just-Alexandre), imprimeur à Paris; et JUST-ERNEST. D. du 28 avril 1860.

CHARLES *de MALMAIN* (Louis-Pierre-Alfred), conseiller à la cour de Rouen, né à Eu le 3 brumaire an XI. D. du 12 janvier 1861.

CHARLES-*MERLIN* (Charles), notaire à Crocq, né en 1808; et ses enfants. D. du 20 décembre 1854.

CHARLOT-*COURTADE* (Bernard), né à Bordeaux en 1788. O. du 16 novembre 1835.

CHARPENTIER - *CASADEVANT* (Jean-Adolphe). O. du 19 juillet 1843.

CHARPIN-*ARTAUD* (Joseph-Marie-Fortuné), percepteur à Aix. O. du 14 février 1845.

CHARRIER-SAINEVILLE, au lieu de SALLICON, dit SALLUON (Sébastien-Claude). D. du 28 novembre 1813 (Bull., sér. 4, t. XIX, p. 429).

CHATAIN-*LA SERRE* (Jean-Baptiste), capitaine d'infanterie, né à Grenoble en 1777. O. du 3 décembre 1817.

CHAUCHIS-*DESGRANGES* (Adrien), né à Vierzon (Cher). O. du 17 juillet 1816.

CHAUDOT *de CORRE* (César-Antoine), juge, né à Vesoul an III. D. du 14 juillet 1860.

CHAUMEIL *de STELLA* (Joachim-Marc-Ramon), capitaine. O. du 27 mai 1846.

CHAUMON, au lieu de PAUTROT (Pierre), né à Charroux (Vienne) en 1795. O. du 7 mars 1817.

CHAUVEAU-*LAGARDE* (Claude-François), avocat. O. du 10 janvier 1815.

CHAUVIN-*HERME* (Jean-Auguste), négociant, né à Aubenas, le 30 octobre 1817. D. du 6 janvier 1861.

CHEMIN *de BEUVRY* (Étienne-Jean-Désiré), né à Paris en 1770. O. du 24 mars 1819.

CHERONNET - *CHAMPOLLION* (Amédée), propriétaire, né à Saint-Jean-sur-Indre, le 20 fructidor an XII. D. du 1er avril 1863.

CHEVALIER *de CAUNAN* (Jean-Georges-Louis-Armand), ancien préfet. O. du 9 février 1827.

CHEVALIER *de SAINT-ROBERT* (Jean-Louis-Marcel), secrétaire de légation, né à Grenoble en 1815. D. du 25 juin 1860.

CHEVALIER *de LA TEILLOIS* (Jules-Jean-Marie), propriétaire, né à Vitré en 1825. D. du 25 juillet 1860.

CHEVALLIER *de LA BIGOTTIÈRE* (Jacques-Rose), chef d'escadron, né à Vernon en 1774. O. du 26 juin 1822.

CHEVALS, au lieu de CHEVAL (Pierre-Joseph), lieutenant de dragons. O. du 12 mai 1842.

CHODRON-*COURCEL* (Louis-Jules), propriétaire à Paris; et ses quatre fils. D. du 7 août 1852.

CHOLET, au lieu de COCU. D. du 26 novembre 1849.

CHOLET, au lieu de COCU (Adrienne-Victoire), née à Lassay en 1838; LUCIEN-ALFRED, né en 1840. D. du 7 janvier 1851.

CHOPIN *de LIMOZIN DE SAINT-MICHEL* (Émile-Louis), officier, né à Besançon, le 9 août 1810. D. du 2 mars 1864.

CHRETIEN-*LALANNE* (François-Julien-Louis), médecin, né à Caen en 1772. O. du 22 octobre 1817.

CHRISTOPHLE - *SAINT-YORRE* (Louis-Claude), avocat, né à Paris en 1764 O. du 12 décembre 1818.

CIEUX, au lieu de CHIEUX (Pierre-Joseph), commissaire de police, né à Hazebrouck en 1793; CHARLES-BENOÎT et LÉON-ÉMILE. D. du 29 décembre 1855.

CLAIRVILLE, au lieu de COCHON (Louis), né à Lignières en 1794. O. du 8 mai 1841.

CLÉMENCEAU *de SAINT-JULIEN*, né à Bordeaux en 1819. D. du 16 avril 1859.

CLÉMENT - *COMPÈRE* (Jacques-Théophile), né à Sainte-Mère-Église (Manche) en 1824. O. du 30 décembre 1829.

CLÉMENT-*DESBRIEUX* (François-Simon), architecte, né à Paris en 1765; et AUGUSTE-MARCEL, son fils, né en 1803. O. du 26 février 1823.

CLÉMENT-*DESORMES* (Alphonse), ingénieur, né à Paris en 1817; et HORACE-HENRI, né en 1829. D. du 14 juin 1859.

CLÉMENT-*FOURNEL* (Charles-Auguste), né à Paris en 1803. O. du 21 octobre 1818.

CLÉMENT *de GRANDPREY* (Nicolas-Joseph), juge de paix, né à Neufchâteau, an II. D. du 25 juin 1860.

CLÉMENT DE LA PALUN *de TOURVILLE* (Louis-Henri-Ferdinand), capitaine, né à Valréas, le 18 octobre 1822. D. du 4 mai 1861.

CLEMENT - *PORTERAT* (Denis), capitaine de cavalerie, né à Rans (Jura) en 1774. O. du 21 mars 1834.

CLERC *de LANDRESSE* (Charles-César), avocat, né a Baume, an IX. D. du 16 août 1860.

CLERGET-*VAUCOULEUR* (Charles-Henri), conseiller à la cour de Dijon, né à Langres, an IV. D. du 16 août 1860.

CLERMONT-MONT-SAINT-JEAN-*COUCY* (de) (Joseph-Henri-Raoul), né à Neufmoutiers en 1809. O. du 3 décembre 1817.

CLICQUOT *de BEYNE* (Auguste-Louis-Philippe), capitaine, né à Reims en 1796. O. du 21 juin 1829.

COCHET-*SAVIGNY-DE SAINT-VALIER* (Pierre-Claude-Melchior), officier de gendarmerie, né à Autun en 1781. O. du 12 mai 1819.

COCHIN, au lieu de COCHON (Jean-Baptiste-Amable), négociant, né à Paris en 1833. D. du 29 septembre 1854.

COCU-*GUILLUY* (Charles-Auguste), brigadier de lanciers, né à Paillart (Oise) en 1810. O. du 1er mars 1833.

COCUROL-*DORCY* (Jean-Louis), né à Versailles en 1761, demeurant à Paris. O. du 17 juillet 1816.

COETQUEN - DESORMEAUX *de COETDIHUEL* (Jean-Léopold), né à Bruxelles en 1791. O. du 22 février 1829.

COGOLUENHES DE MARTELLES, au lieu de CAMBOULAS (Jean-Jacques-Dominique), comptable de l'enregistrement d'Eure-et-Loir. O. du 14 août 1816.

COLAS DE LA NOUE-*BILLAULT* (François-Henri), maître des requêtes au conseil d'Etat, né à Orléans, le 20 décembre 1828. D. du 17 février 1864.

COLAS-*SAINT-BLANCARD*. O. du 9 mars 1831.

COLAVIER *d'ALBICI* (Auguste-Nicolas), chef de bataillon, né à Montpellier en 1793. O. du 8 décembre 1819.

COLAVIER *d'ALBIZY* (François-Jean-Baptiste), né à Marseille en 1772. O. du 2 juillet 1817.

COLAVIER *d'ALBIZZI*. O. du 2 juillet 1817, rév. par O. du 12 décembre 1818.

COLHON, au lieu de COCHON (Louis-Joseph), de Paris. O. du 19 mars 1840.

COLIN DE SAINT-MEUGE-*CHAMBAUT* (Marc-Pierre-Edmond), de Saint-Denis (Seine). O. du 18 janvier 1845. (Bull. 1854.)

COLLAIN-*DUPONCHEZ* (Henri-Édouard), lieutenant, né à Brest, le 25 janvier 1834. D. du 29 juillet 1861.

COLLET *de LA MADELÈNE* (Jean-Marie-Bernard-Augustin-Grégoire-François-Xavier), lieutenant-colonel. O. du 21 août 1816.

COLLET, au lieu de PIERRE (Arthur-Marie-Raphaël), né à Châtellerault, le 7 septembre 1835; et PHI-

LIPFE-GASTON, né en 1837. D. du 14 juillet 1861.

COLLETAS (Jean-Joseph-Alfred), tailleur d'habits, né à la Guadeloupe en 1825. D. du 26 décembre 1857.

COLLETTE *de BAUDICOUR* (Jean-Baptiste-Jacques), juge, né à Paris en 1784. D. du 8 février 1860.

COLLIARD, au lieu de COUYARD (Claude-François), né à Lhay en 1790; JEAN, né en 1794; FÉLICITÉ-SOPHIE, née en 1800; MARIE-FELIX, né en 1803. O. du 3 septemb e 1831.

COLLIEZ, au lieu de COUILLIEZ (Jean-Baptiste), né à Paris en 1757; et ses quatre fils, ADRIEN, THÉODORE, ADOLPHE, LOUIS-ALEXANDRE, nés à Paris. O. du 28 février 1821.

COLLIGNON *de VIDELANGE* (Joseph-Pierre), de Nancy. O. du 2 octobre 1816.

COMBE-*JOSSERAND* (Antoine), né à Rénage (Isère) en 1819. O. du 22 juin 1843.

COMPAGNY *de COURVIÈRES* (Gabriel-François-Félicité-Scolastique), officier, né à Baume, le 6 février 1792; et ses deux fils. D. du 9 mars 1864.

CONNANGLE-*LARROUY* (Pierre-Armand), né à Paleyrac en 1829; et Louis, son frère, né en 1828. D. du 21 mars 1857.

CONTE-*DUBOIS-DESCOURS DE LA MAISONFORT* (Louis-Ernest-Philibert), receveur général des finances, né à Dusseldorf en 1812. D. du 31 octobre 1856.

CONTIE *de FOUILHAC*. O. du 5 décembre 1842.

CORDOUE-JACQUEMET DE SAINT-GEORGE (Georges-Joseph-Michel. O. du 8 février 1815.

CORMOULS-*HOULÈS* (Simon), négociant, né à Bordeaux, an XI; et ses enfants. D. du 11 février 1860.

CORNUAN-*OFFEMONT* (Augustin-Jean-Baptiste-Philippe), chef d'escadron, né à Paris en 1774. O. du 23 juillet 1817.

CORNUT DE LA FONTAINE *de COINCY* (François-Benoît), caissier général, né à Saint-Denis en 1745. O. du 10 décembre 1817.

COROT-*LAQUIAUTE* (Jean-César), né à la Guadeloupe en 1788. O. du 11 mars 1818.

COSTEDOAT-*DUVERGÉ* (Julien), notaire, né à Momuy, le 13 octobre 1833. D. du 16 janvier 1861.

COUILLAUD-*MAISONNEUVE* (Marc-Joseph-Frédéric), receveur d'enregistrement, né à Mirabeau en 1817. D. du 3 novembre 1860.

COUROY, au lieu de CONROY (Paul-François-Marie), capitaine d'artillerie; et LOUIS-AUGUSTIN, capitaine d'infanterie, nés à la Trappes. O. du 18 décembre 1816.

COURET-*PLEVILLE* (Onuphre-Antoine-Amédée). O. du 2 août 1814. (Bull., sér. 5, t. II, p. 88.)

COURGIBET DU BUISSON (Pierre-Germain-Jean-Jacques), maire de Châtillon (Eure-et-Loir), né à Châteaudun en 1786. O. du 20 novembre 1816.

COURNÉ *de BOBLAYE* (Ferdinand-François-Marie), capitaine, né à Rennes, le 20 août 1824. D. du 26 juin 1861.

COURSAGET (Jean-Baptiste), mécanicien à Grenelle. D. du 8 novembre 1854.

COURTIN DE TORSAY *de MALHERBE* (Godefroy-Louis-Stanislas), propriétaire, né à la Ferté-Bernard, en 1814; et son fils, MARCEL-MARIE-GODEFROY. D. du 10 octobre 1855.

COURTOIS-*ROUSSEL d'HURBAL* (Charles-François-Adolphe), lieutenant d'état-major, né à Neufchâteau en 1799; CHARLES-JOSEPH-HENRI, né en 1802. O. du 8 avril 1829.

COUSIN-*MONTAUBAN* (Charles-Guillaume-Marie-Apolline-Antoine). O. du 8 avril 1844. (Bull. 1842.)

COUTHAUD *de RAMBEY* (Eugène-Jules), capitaine, né à Taverny en 1829. D. du 25 juin 1860.

COUTURIER-*DEVIENNE* (Amable-Félix), capitaine d'état-major, né à Versailles en 1798. O. du 22 novembre 1833.

COUTURIER-*SAINT-CLAIR* (Adolphe-Lazare), chef d'escadron, né à Lyon en 1786. O. du 19 novembre 1817.

COUVERT-*LANAUROI* (Antoine-Louis-Étienne), propriétaire, né à Dieuville (Aube) en 1802. D. du 6 juin 1856.

CREBESSAC-*BIGÉ* (Jean-Léon), de Clairac. D. du 18 juin 1848.

CREPIN *du HAVELT* (Joseph) (le baron), né à Paris en 1808. O. du 15 octobre 1837.

CRETTÉ-*PALLUEL* (Alexandre-César), maire du troisième arrondissement de Paris, né à Dugny en 1766. O. du 3 décembre 1817.

CREUZÉ *de LA TOUCHE* (Germain-Alfred), directeur des contributions directes. D. du 23 février 1859.

CROUSAZ-*CRÉTET* (de) (Henri), contrôleur de la Banque de France. D. du 27 janvier 1810.

CROZET-*DELAFAY* (Joseph-Charles-Antoine), négociant à Lyon, né à Néronde, le 5 août 1791. D. du 24 février 1864.

CRUCIUS-*DELACROIX* (Paul-Jean-Théodore), officier, né à Paris en 1790; et PIERRE-MARIE-THÉODORE, né en 1791. O. du 20 juillet 1825.

CUGNEAU (Honorine), demeurant à Cayenne. D. du 22 février 1854.

CUGNET *de MONTARLOT* (Napoléon-Claude-André-Prudence), officier, né à Dôle, an XIV. D. du 31 mars 1860.

CULIÉ-AMPLEMAN de LA CRESSONNIÈRE (Pierre-Léon-Désiré), propriétaire, né à Paris en 1812. D. du 7 juillet 1859.

CUNIN-*GRIDAINE* (Arnould-Charles), et LÉON-MARTIAL, fabricants à Sédan. O. du 16 décembre 1844.

CUOQ-*DOMBRET* (Jean-Balthazar-Ludovic), né à Chazelles en 1815. O. du 15 juillet 1841.

D

DAGORET-FRANÇOIS-BOISGISSON (Auguste), maire d'Osmeri, né à Sancerre en 1769. O. du 25 juin 1817.

D'AINE-*TOUSTAIN de LA RICHERIE* (Louis-Auguste), né à Paris, le 17 septembre 1810. D. du 14 décembre 1861.

DALEIME *de MEYCOURBY* (Pierre-Joseph), inspecteur de douane, né en 1806; et FRANÇOIS-CHARLES, né en l'an XII. D. du 7 novembre 1861.

DALMAS-*LA PEGOUSE* (Pierre-Jean-Antoine); PHILIPPE-FRANÇOIS; FRANÇOIS-MARIE-LÉON; PIERRE-ANTOINE-VICTOR (Aveyron). O. du 21 février 1815.

DALMERS, au lieu de DESRUES (Eugène), né à Melun en 1805; et ADOLPHE-ALEXANDRE, né à Chartres en 1812. O. du 11 novembre 1831.

DALTON-*SHÉE* DE LIGNIÈRES (Edmond) (baron); DALTON-*SHÉE* (Françoise) (baronne. O. du 24 décembre 1815.

DAMAINVILLE, au lieu de CAGNIARD (Antoine-François), né à Paris en 1786; et ses enfants. O. du 10 mars 1833.

DANIEL-*SAINT-ANTOINE* (Joël-Hippolyte), médecin, né à Versailles en 1806. O. du 4 juillet 1834.

DANTHONY-*PAUL* (Paul-Nicolas), propriétaire à Saint-Donat. O. du 16 novembre 1835.

DARESTE, au lieu de LIMOGE (Léon-Jean-Marie), demeurant à Lyon. D. du 24 mars 1851.

DARIUS (Grégoire-Pierre), né à la Martinique en 1823. D. du 7 janvier 1854.

DARY *d'ERNEMONT* (Auguste-César), propriétaire, né à Fouilloy, le 17 septembre 1785. D. du 18 décembre 1861.

DAUBÈZE-*SAMBAT* (Jean-François-Eugène), né à Castelferrus en 1813. O. du 31 janvier 1838.

DAULT-DUMESNIL, au lieu de DELOUVEL (Charles-Geoffroy), chef d'escadron, né au bourg d'Oismond en 1757; CÉSAR-EDOUARD, né audit lieu en 1764; GEORGES-EDOUARD, né en 1796; CHARLES-GEOFFROY, né en 1799; VAST-CÔME-HENRI, né en 1801. O. du 9 juillet 1820.

DAUSSOIGNE-*MEHUL* (Joseph), de Liége. O. du 12 août 1845.

DAUZAT-*DEMBARRÈDE* (Pierre-Benoît), magistrat à Lourdes, né en 1809. O. du 30 octobre 1834.

DAUZIX (Alexandre), lieutenant dans la garde républicaine. D. du 26 mars 1851.

DAVESIÈS *de PONTÈS* (Jean-Baptiste), né à Paris, le 24 mai 1776. O. du 23 mai 1827.

DAVID *de GAVELL* (Dominique), maire, né à Marseille en 1747. O. du 4 février 1829.

DAVID, au lieu de COQUIN (Alexandre), peintre en bâtiments, né à Villers-Cotterets en 1824. D. du 11 août 1856.

DAVID *de PENANRUN* (Claude-René-Jacques), directeur de douane, né à Paimpol, le 2 thermidor an VIII; LOUIS-THÉRÈSE, architecte, né en 1831, à Paris. D. du 19 avril 1862.

DAVILLIER-*RÉGNAUD de SAINT-JEAN-d'ANGÉLY* (Edmond), officier de la Légion d'honneur, écuyer de l'Empereur, né à Gisors, le 1er octobre 1824. D. du 2 novembre 1864.

DÉARD-*FRANÇOIS DE NEUFCHATEAU* (Aimé-Marie-François), né à Paris, le 22 avril 1799. O. du 31 décembre 1828.

DEBREUIL, au lieu de TORCHON (Louis-Joseph), pharmacien. O. du 18 juillet 1844.

DECAN-*CHATOUVILLE* (Benoît-Barthélemi), né à Paris en 1760, magistrat. O. du 28 février 1815.

DÉCHAMPS-*BRÉCHARD* (François-Jean-Marie), et JEAN-GUILLAUME, frères. D. du 20 mai 1814.

DECHAMPS *de BRÉCHARD* (François-de-Salles-Maurice), propriétaire. O. du 1er février 1844.

DECROUY, au lieu de CHAPPON (Adolphe), propriétaire, né à Meaux en 1834. D. du 24 mars 1858.

DEFLY-*DIEUDÉ* (Charles-François), consul, né à Paris en 1809. D. du 7 décembre 1858.

DEFOIX, au lieu de CORNICHON (Henri-Joseph), négociant, né à Aufferville en 1808. O. du 23 juillet 1838.

DEFORGET-*LAVALETTE* (Claude-Émile), sous-préfet, né à Riom en 1822. D. du 21 août 1852.

DEGRANGES-*RANCY* (Charles-Raymond), banquier, né à Bordeaux, le 3 janvier 1797. O. du 6 septembre 1826.

DÉGRANGE-LOUZIN *de MARTIGNAC*, né à Bordeaux en 1806. O. du 8 septembre 1832.

DELACHAU, au lieu de LACHAU (Jean-Paul), juge de paix, né à Massugas, le 19 février 1807. D. du 1er février 1862.

DELACOUR, au lieu de COCHON (Charles-Ferdinand), employé des contributions à Rouen. D. du 2 avril 1853. (Bull., 1855.)

DELAFONT-*DE LANNOY* (Pierre-Alphonse). O. du 3 février 1830.

DELANDINE-*SAINT-ESPRIT* (Jérôme). O. du 13 septembre 1815.

DELANNE, au lieu de DELANDE (Joseph-Édouard), négociant, né à Saint-Quentin en 1823. D. du 16 juin 1855.

DELAPLACE-*GERARDIN* (Louis-Casimir). O. du 9 août 1815.

DELAPOIX de FREMINVILLE-*NUGUE* (Claude-Louis-Jules), propriétaire, né à Lyon en 1826. D. du 29 novembre 1850. (Bull. 1853.)

DELAPRAIRIE, au lieu de GARGOTTEUX (Nicolas), juge, né aux Riceys (Aube) en 1790. O. du 1er septembre 1825.

DELAVAL, au lieu de JOANON, né à Lyon, le 2 frimaire en XIV; et ses fils. D. du 4 novembre 1863.

DELEURY, au lieu de PIPELET (Alexandre-François), peintre, né à Paris an X; NAPOLÉON-JULES, caissier, né à Paris an XIII; HERMESSINDE-VICTORINE-JULIE, institutrice, née à Mettroy en 1833; MARIE-LOUISE-LAURE, institutrice, née à Luynes en 1835. D. du 31 janvier 1863.

DELLOVE, au lieu de LECUL (Antoine-Bernard-Manassès), professeur, né à Mouflers (Somme) en 1808. O. du 27 juin 1838.

DELOCHE-*DENOYELLE* (Henri-Éléonore). O. du 18 mars 1843.

DELOF-*TURBET* (Pierre-Michel), de Mâcon, né à Rouen en 1798. O. du 22 juin 1843. (Bull. 1847.)

DELORISSE, au lieu de LOUVEL (Jean-Baptiste-Christophe-Georges), né à Rouen en 1766; ANTOINE-DÉSIRÉ, né en 1767; JEAN-FÉLIX-CONSTANT, né en 1773; MARIE-LOUIS-AUGUSTE, né en 1777. O. du 20 septembre 1820.

DELPECH, au lieu de CANTALOUP (Antoine), né à Gimbrède en 1806. O. du 21 mars 1821.

DELURIE, au lieu de BRAILLARD (François-Louis), avocat à Angers, né à Paris en 1772. O. du 26 mars 1817.

DELUSSIS, au lieu de COCHON

(Jean-Louis-François), employé au chemin de fer de l'Est, né à Villers-sur-Marne en 1806; et son fils, FRANÇOIS-ARTHUR. D. du 26 novembre 1856.

DEMANDOLX-DEDONS (*de*) (Pierre-Charles-Henri), né à Marseille en 1819. D. du 5 mars 1852.

DÉMÉRÉ-*d'AUBIGNY* (Denis-Clément-Auguste), lieutenant de gendarmerie, né à Poitiers en 1781. O. du 10 mars 1820.

DÉMEURES (Aimable-Joseph-Hyacinthe), né à la Guadeloupe en 1821. D. du 1er février 1862.

DEMANGEOT-*CHRISTON* (Henri-Nicolas), maire de Champigneul. O. du 21 février 1815.

DENIS *de HANSY* (Henri-Antoine), avocat, né à Paris an XIII; et FRANÇOIS-MICHEL, né en 1811. D. du 11 juillet 1860.

DENIS-*KERMADEC* (Jacques), capitaine d'artillerie. O. du 28 février 1815.

DENIS *du MARTEL* DU PORZOU (Aimé), sous-préfet, né à Rennes en 1813. D. du 5 janvier 1853.

DENIS-*MIRLAVAUD* (Auguste), négociant, né à Saint-Genest-de-Retz en 1800. O. du 31 janvier 1838.

DENIS-*VALLERY* (Jeanne), née à Brest en 1789; LOUIS-PROSPER, né en 1792; JEAN-JOSEPH-THÉODORE, lieutenant d'infanterie. O. du 18 avril 1833.

DEPLANCHE-LAFOND *de SAINT-MUR* (Guy-Joseph-Remi), député, né à Laroche-Canillac, le 8 décembre 1817; et JOSEPH-LÉON, né en 1821. D. du 11 mai 1861.

DERBOIS, au lieu de ANNE (Prosper-Philippe), et PIERRE. O. du 27 avril 1841.

DERMIER, au lieu de MERDIER (Jean-Baptiste-Auguste-Nicolas-Amand), et NICOLAS-CHARLES. D. du 19 décembre 1848.

DERNEBOURG (Louis-Ernest), du Gros-Morne (Martinique). O. du 9 juin 1842.

DESBON-*VERNEUIL* (Jean-Edme), maire de Bucy-Saint-Liphard, né à Paris en 1770. O. du 7 avril 1817.

DESCLAUX DE LESCAR *de CROUSEILHES-SAINT-DOS* (Marie-Paul-Louis-Alfred), propriétaire, né à Puyoo, le 25 février 1846. D. du 12 novembre 1861.

DESFÉROLLES, au lieu de COCU (Claude-Jules), né à Saint-Martin-d'Auxigny, le 18 avril 1842. D. du 10 février 1864.

DESHAUCHAMPS, au lieu de BORDEL (Charles-Isidore-Modeste-Edouard), capitaine, né à Fervaques en 1779. O. du 24 avril 1822.

DESHAUCHAMPS, au lieu de BORDEL (Armand), médecin, né à Fervaques en 1793. O. du 19 mai 1824.

DESHAUCHAMPS, au lieu de BORDEL (Alexandre), capitaine, né à Fervaques en 1788. O. du 1er juin 1836.

DESMAREST (Guillaume-Édouard), né à Paris en 1830. D. du 28 juin 1854.

DESMONTS, au lieu de CUCU François-Augustin), né à Bernières en 1789. O. du 22 juin 1825.

DESNOYERS *de BIÉVILLE* (Charles-Henri-Étienne-Edmond), homme de lettres, né à Paris en 1814. D. du 27 octobre 1858.

DESPINASSY *de VENEL* (Joseph), propriétaire, né à Toulon, le 14 janvier 1792; et FORTUNÉ, son frère. O. du 31 octobre 1827.

DESPINOY-*SAINT-DENIS* (Pierre-Marie), colonel, né à Lyon, le 22 novembre 1764. O. du 23 août 1826.

DESPONS *de PAUL* (Charles-Étienne), propriétaire, né à Montpellier en 1825; et son fils. D. du 18 avril 1860.

DESPREZ *de GÉSINCOURT* (Marie-Servais-Édouard), receveur des finances, né à Vesoul, le 20 frimaire an IX; ALPHONSE-MARIE-GABRIEL, propriétaire, né en 1807; NARCISSE-SERVAIS, né en 1831; ALPHONSE, né 1833. D. du 5 janvier 1861.

DESSUP-*TRONY* (Fabien), propriétaire à Boujan (Hérault). O. du 6 novembre 1839.

DESTRICHÉ DE BARACÉ-*LE NOIR* (Edgar-Victor), né à Angers en 1819. O. du 6 septembre 1842.

DESWARET-*VANDAMME* (Jules-Théodore), officier, né à Oosburg, le 20 mars 1841. D. du 2 juillet 1864.

DETOFFIN *de GŒULZIN* (César-Louis-François), propriétaire, né à Lille en 1749. O. du 26 mai 1819.

DEVARIEUX-*LALANNE* (Henri-

Armantie), né à la Désirade en 1807. O. du 7 avril 1835.

DEVAUCHEUX-*BAUDEQUIN* (Narcisse-Léopold), propriétaire, né à Magny-sur-Motz en 1835. D. du 21 mai 1857.

DEVAUX-*CHAMBORD* (Claude), conseiller général de l'Allier. O. du 13 septembre 1815.

DEVÈZE-*BIRON* (Jean-Henri-Émile), conseiller à la cour de Nîmes, né an V. D. du 11 juillet 1860.

DEYDIER-*PUECH-MÉJEAN* (Pierre-Jean-François-Louis-Adrien), capitaine, né à Lunel en 1783. O. du 9 octobre 1825.

DHÉRENT, au lieu de COCU (Pierre-François-Alexandre), brigadier des forêts, né à Moncheaux en 1833. D. du 25 juin 1860.

DIBART *de LA VILLE-TANET* (Paul-Lucien), lieutenant, né à Lyon, le 30 juillet 1834. D. du 15 mars 1862.

DIDIER-*GOEDEN* (Henri-Paul-Marie), né à Rouen en 1823. O. du 23 juillet 1844.

DIEUDONNÉ-*DUBOIS*, né à Limoux (Aude) en 1748. O. du 2 septembre 1818.

DIJON (Joseph), magistrat. O. du 4 avril 1845.

DIONIS *du SÉJOUR* (Alexandre-Pierre), juge de paix, né à Paris, le 13 messidor an IV. D. du 15 mars 1862.

DIRCKS-*DILLY* (Joachim-Gaspard-Barthélemi-Édouard), avoué à Bordeaux, né en 1820; et ses quatre enfants. D. du 28 octobre 1858.

DOLFUS-*FRANCOZ*, clerc de notaire à Lyon. D. du 17 juin 1849.

DOLFUS-*FRANCOZ* (Jean-Marie-Antoine, négociant, né à Lyon. D. du 27 mai 1852.

DOMINÉ-*FERET* (Jean-Vivant), maire, né à Charleville en 1778. O. du 20 octobre 1819.

DOMMAIGUE, au lieu de MARAIS DE LA GALONNIÈRE (Joseph), né à Tours. O. du 2 octobre 1816.

DOMPNIER *de la RUE DE SAUVIAC* (Jean-François-Auguste), juge de paix, né à Dax, le 12 octobre 1819. D. du 11 décembre 1861.

DOQUIN-*SAINT-PREUX* (François-Charles), né à Saint-Dizier en 1768. O. du 24 septembre 1817.

DOUCQUER-*T'SERRVELOFFS* (Honoré-Hippolyte), administrateur des hospices de Dunkerque. O. du 29 novembre 1814. (Bull., sér. 5, t. II, p. 470.)

DOUVRELEUR, au lieu de VACHIER (Jean-Baptiste-Léon), rentier, né à Outrefurens en 1832. D. du 14 juillet 1860.

DROMEL-*BERNARD* (Louis-Auguste), maire de la Roque-d'Anthéron, né au même lieu en 1784. O. du 17 mars 1817.

DRUFIN, au lieu de COUILLARD François-Désiré), négociant, né à Orléans en 1807; Marie-Adeline, née en 1834; et Edmond, né en 1835. D. du 24 septembre 1859.

DUBARLE-*DUPUGET* (Charles-Gabriel), né à Paris, conseiller à la cour d'Amiens. O. du 27 mars 1816.

DUBERNARD *de SAGET* (Marie-Georges-Hippolyte-Gustave), né à Alby en 1838. D. du 24 mars 1831.

DUBERNET *du BOSQ* (Antoine), substitut à Agen. O. du 9 septembre 1839.

DUBOIS, au lieu de FALUCHON (Gérand-Chaistophe), né à Paris en 1795. O. du 23 juillet 1817.

DUBOIS *de BELLEJAME* (Jean-Marie-Augustin), maire de Marcoussis, né à Versailles en 1768. O. du 13 août 1817.

DUBOIS *de l'ESTANG* (Alexandre-Jean), et Jean-Joseph-Gustave, demeurant à Paris. O. du 29 janvier 1847.

DUBOIS *d'ERNEMONT* (Théobald-Aimé-Florent), propriétaire, né à Douai, le 2 avril 1810. D. du 18 décembre 1861.

DUBOIS-*FRESNAY* (Bonaventure-Louis), ancien commissaire des guerres (le dernier nom, au lieu de CRANCÉ). O. du 6 décembre 1814. (Bull., sér. 5, t. II, p. 256.)

DUBOIS *de ROMAND* (Joseph-Zénon-Armand) (le baron), né à Bayonne en 1784. O. du 5 décembre 1821.

BUBOS-*BOUTAL* (Joseph), né le 2 août 1806, de Riom. O. du 26 mai 1819.

DUBOS-*GRIBAUVAL* (Louis-Jules), lieutenant d'artillerie, né à Amiens en 1797. O. du 5 février 1817.

DUBRAC, au lieu de LAPÉRUQUE

(Charles-Henri), médecin, né à Paris, le 29 avril 1834. D. du 23 mai 1863.
DUBUISSON-*GUILLEMOT* (Victor-Philibert), né à Paris en 1814. D. du 28 mai 1850.
DUCHANT-*SAUCEY* (Jean-Baptiste (le baron), né à Grenoble en 1780. O. du 11 mars 1818.
DUCHARME, au lieu de DUCHARNE (Laurent), inspecteur d'écoles, à Metz. O. du 18 mars 1843.
DUCHESNE DE GILLEVOISIN-*CONEGLIANO* (Alphonse-Auguste),né à Paris en 1791. O. du 20 octobre 1824.
DUCLOUX-*EYMAR* (Jean-Baptiste), lieutenant-colonel à Grenoble. O. du 3 janvier 1815. (Bull., sér. 5, t. III, p. 12.)
DUCOMMUN *du LOCLE* (Daniel-Henri-Joseph), receveur des finances, né à Nantes, le 18 germinal an XII. D. du 20 février 1861. CAMILLE-THÉOPHILE-GERMAIN, né à Orange, le 26 juillet 1832; ALFRED-LÉOPOLD-FRANÇOIS, né à Bayeux, le 2 janvier 1826. D. du 21 février 1861.
DUCOS DE SAINT-BARTHÉLEMY *de GÉLAS* (François-Camille), propriétaire, né en l'an XIII. D. du 13 août 1861.
DUCRAY-*CHEVALLIER* (Alexandre-Victor), opticien, de Paris. O. du 15 septembre 1848.
DUFLAU-*GILARDIN* (Pierre-Hippolyte), né à la Guadeloupe en 1835. D. du 21 mars 1857.
DUFLOS *de SAINT-AMAND* (Augustin-Henri), receveur des finances, né à Paris, le 27 ventôse an XIII. D. du 23 janvier 1861.
DUFLOT-*MOFRAS* (Alexandre-Joseph-Isidore), propriétaire à Toulouse. O. du 15 septembre 1843.
DUFLOT-*MOFRAS* (Jean-Pirre-Eugène), propriétaire à Toulouse. O. du 24 octobre 1843.
DUFOURC *d'HARGEVILLE* (André-François-Marie-Théodore) (le comte), lieutenant de cavalerie, né à Paris en 1790. O. du 29 août 1821.
DUFOURQ-*BELIN* (Jean-Romain-Philippe-Gabriel), propriétaire, né à Bordeaux en 1822. D. du 9 mai 1860.
DUGARREAU-*BEAUPLOIS DE SAINT-AULAIRE* (Pierre) (comte), gendre du comte de Saint-Aulaire, chef d'escadron des gardes du corps. O. du 2 septembre 1814. (Bull., sér. 5, t. II, p. 221.
DUGRIVEL, au lieu de PUTIN (Claude-Marie-Antoine), né à Dammartin en 1808; et CLAUDE-MARIE, né au même lieu en 1802. O. du 2 juillet 1823.
DUGUÉ *de la FAUCONNERIE* (Henri-Joseph), conseiller de préfecture, né à Paris, le 11 mai 1835. D. du 9 avril 1862.
DUHAMEL-FOUGEROUX (Auguste), et ARMAND-CHARLES-ALEXANDRE. O. du 19 mai 1819.
DUHOUX, au lieu de LEHOUX (Jean-Gédéon-Anne), né à Grandpré Ardennes) en 1746. O. du 29 juillet 1821.
DUMAN-*LAHUME* (Jean-Pierre), né à la Tête-de-Buch en 1778. O. du 18 mars 1818.
DUMAS-*VENCE* (Charles-Joseph), lieutenant de vaisseau, né à Tonnerre en 1823. D. du 31 octobre 1860.
DUMOLARD *de BOUVILLER* (Marie-Louis-Auguste), propriétaire, né à Verdun, le 22 germinal an XII; et sa fille, MARIE-THÉRÈSE, née audit lieu en 1841. D. du 23 mars 1864.
DUMONT, au lieu de DEUTZ (Salomon), négociant, né à Paris en 1813. D. du 17 janvier 1855.
DUMONT, au lieu de COQUU (Marie-Antoine-Jules), négociant à Paris. O. du 21 juillet 1839.
DUNOYER-*NOIRMONT* (Jean-Baptiste-Anne-Joseph), capitaine du génie. O. du 4 septembre 1816.
DUPIN *des LEZES* (Louis-Sylvestre-Michel). O. du 11 février 1842.
DUPLESSIS-*GUICHARD* (Timoléon-Amédée. O. du 27 novembre 1816.
DUPLESSIS-GUICHARD *de NOAS* (Timoléon-Amédée), propriétaire, né à Calais en 1808. D. du 5 mars 1859.
DUPLESSIS, au lieu de JOSÉPHINE (Charles-Frédéric), cordonnier, né à Saint-Péray, le 28 janvier 1836. D. du 2 novembre 1864.
DUPRÉ-LAPAGNÈRE-*DEPUGET* (François-Paulin), juge de paix de Gimont (Gers). O. du 3 janvier 1815. (Bull., sér. 5, t. III, p. 12.)
DUPRÉ-*LASSALE* (Joseph-Auguste-François-Raymond), né à Carcassonne en 1778. O. du 18 juillet 1821.

DUQUESNE, au lieu de LEBIGRE (François-Hippolyte), et EMILE, nés à Paris an XIII et 1813. O. du 24 juillet 1845.
DURAND *de CORBIAC* (Paul-Jean-Raymond), né à Bergerac an XI. D. du 31 mars 1860.
DURAND *de CHILOUP* (Jean-Jacques-Camille), né à Peronnas, le 8 août 1819; et JEAN-MARIE-JOSEPH-CAMILLE, né en l'an V. D. du 11 août 1862.
DURAND-*CLAYE* (Charles-Léon), ingénieur, né à Paris en 1830; ALFRED-AUGUSTIN et GEORGES-DENIS. D. du 30 juin 1860.
DURAND-*FAUJOLS* (Jean-Baptiste-Germain), avocat, né à Cahors en 1806. O. du 8 avril 1829.
DURAND *de GROSSOUVRE* (François), né à La Palisse, le 1er septembre 1779; et ses enfants. D. du 2 novembre 1864.
DURAND-*LANÇON* (Pierre-Philippe-Clément), né à Metz en 1786. O. du 4 novembre 1818.
DURAND-*SAINT-AMAND* (Louis-Pierre-Gustave), capitaine de frégate, né à Paris en 1806. D. du 18 février 1860.
DURAND-*SAINT-AMAND* (Alexandre-Louis-Adolphe), préfet, né à Paris en 1808. D. du 2 avril 1859.
DURAND-*VALLEY* (Nicolas-Henri), né à la Marche (Vosges) en 1774. O. du 3 septembre 1817.
DURANDY-MORERY (Louis-César-Auguste), négociant à Draguignan. O. du 21 août 1816.
DURANT *de SAINT-ANDRÉ* (Adrien-Eugène-Maurice), consul, né à Paris en 1823; PAUL-SEPTIME-ANDRÉ, né en 1825, et SAMUEL-FÉLIX, né en 1831. D. du 26 août 1859.
DURANTIÈRE *de BACOURT* (François-Marie-Henri), garde général des forêts, né à Esnoms en 1832. D. du 20 avril 1859.
DURAS-CHASTELLUX (Henri-Louis) (le comte). O. du 15 août 1819.
DURTROY, au lieu de TROMPETTE (Joseph), officier, né à Marsal en 1785. D. du 17 juin 1857.
DUSAUSSAY-*DEMELY* (Joseph), officier, né à Troyes en 1792. D. du 24 novembre 1860.
DUTEY-*HARISPE* (Jean-Louis-Adrien), conseiller à la cour de Pau, né à Saint-Étienne-de-Baigorry en 1800. O. du 6 octobre 1842.
DUTHEIL *de la ROCHÈRE* (Alexis-Charles), intendant militaire, né à Niort, le 9 germinal an VII; HENRI-CHARLES-LÉONCE, et CHARLES-ALFRED-MARIE, nés en 1829 et 1833. D. du 24 août 1861.
DUTOURNAY (Marie-Alexandrine), et ROSINE-FÉLICITÉ, sa fille, née à la Martinique en 1833. D. du 31 octobre 1860.
DUTROUILH-*BLANC* (Pierre), né à Bordeaux en 1776; et ROCH, né au même lieu en 1780. O. du 9 juin 1824.
DUVAL, au lieu de COCU-DUVAL (Jean-Philippe), de Paris. D. du 20 juillet 1813. (Bull., sér. 4, t. XIX, p. 83.)
DUVAL, au lieu de SÉNÉCHAL (Victor), sous-lieutenant, né à Rio-Janeiro en 1835. D. du 19 mars 1859.
DUVAL-*FRAVILLE* (Claude), maire de Condes (Haute-Marne). O. du 8 novembre 1814. (Bull., sér. 5, t. II, p. 470.)
DUVERNOY, au lieu de LAGARCE (Georges-David), né à Desandans en 1834. D. du 6 mai 1859.
DUVOIS-*KINKERVILLE* (Pierre-Charles-François), du Havre. O. du 3 juillet 1816.

E

ÉLIE-*DEPROGE* (Jean), né à Fort-Royal (Martinique). O. du 31 août 1837.
ELIGNARD-*DUPUVILLON* (Jacques-Octave-François), percepteur, né à Mont en 1820. D. du 5 décembre 1860.
EMELIUS (Thomas-Léandre-Joseph), de la Martinique. O. du 20 février 1846.
ÉMILE-*SIMOR-SAINT-JUST* (Honoré-Julien), négociant, et JEAN-BONAVENTURE. D. du 16 août 1859.
EMMANUEL, au lieu d'ISRAEL

(Emmanuel), négociant, né à Lunéville en 1807. D. du 12 août 1848.
EPRON *de la HORIE* (Louis-Jacques), capitaine de vaisseau, né à Granville (Manche) en 1768. O. du 25 juin 1817.
ESPIGAL - *SIEURAC* (Joseph-Fortuné), juge, né à Bannières, an V. D. du 24 novembre 1860.
ESPION-*SOMMIERES* (François-Jacques), capitaine, à Lille. O. du 28 février 1815.
ESTELA, au lieu de STELLA (Joseph), né à Luri en Corse, le 4 février 1777. O. du 11 avril 1826.
ESTIENNE - *TRELLAUNY* (Thérèse-Émilie-Constance), née à Saint-Domingue en 1775. O. du 2 avril 1817.
ETCHEGOYEN - *O'CONNELL* (d') (Louis-Charles-Daniel), né à Paris en 1807. O. du 28 septembre 1825.
ETHIS *de CORNY* (Emmanuel-Victor-Aimé), propriétaire, né à Aubevoye, an VI; et LOUIS-CHARLES-CASIMIR, receveur des finances, né an XIII. D. du 19 mars 1859.
EUVERTE, au lieu de CIMETIÈRE (Théophile-Jules-Maximilien), directeur de forges, né à Orléans en 1824. D. du 5 décembre 1855.

F

FABRE - *BARRAL* (Antoine-Élisabeth), lieutenant, né à Florensac en 1781. O. du 19 juin 1822.
FABRE *de la BÉNODIÈRE* (Jean-Jules), négociant, né à Paris en 1796; CHARLES-AUGUSTE, né en 1798. O. du 21 juin 1829.
FABRE - *DÉMOLLINS* (Jean-François-Honoré). O. du 27 mai 1831.
FABRE-ROBERT de RIEUNÉGRÉ (Jean-Pierre-Joseph), conseiller à la cour de Toulouse. O. du 20 mars 1816.
FABRE-*TAPIES* (Louis-Joseph), né à Marseille en 1784. O. du 24 septembre 1817.
FABRIQUE DE SAINT-TOURS-*CHASSIN DE THIERRY* (Pierre-Henri-Félix), né au Trou-au-Chat (Martinique) en 1806. O. du 28 mai 1835.
FALRET *de TUITE* (Henri-Louis), conseiller de préfecture, né à Vanves en 1827. D. du 5 juillet 1859.
FARBOS-*ROCH* (Jean), maréchal des logis de gendarmerie à Vaugirard. D. du 16 avril 1851.
FARJON *de BESSON* (Charles-Louis-Marie), propriétaire, né à Montpellier en 1819. D. du 18 février 1860.
FASQUEL-HAIGNÉRÉ (Pierre-Eustache-Justin-Marie), propriétaire, né à Ardres en 1828. D. du 28 janvier 1851.
FAUCHEUX *des AUNOIS* (le) (Jean-Baptiste-Antoine) (baron), ancien préfet. O. du 5 juin 1816.
FAUQUET - *LEMAITRE* (Jacques-Alfred), manufacturier, né à Bolbec, le 26 mars 1826. D. du 12 novembre 1861.
FAUQUEUX-*PARZUDAKI* (François-Charles-Étienne), naturaliste, né à Nointel en 1829. D. du 14 juillet 1858.
FAUVART - *BASTOUL* (François-Joseph), chef d'escadron, né à Buissière en 1782. O. du 18 juin 1817.
FAUVET - DELAFLOTTE - *BERTHAULT* (Julie-Rose), cantatrice, née à Bayonne en 1811. O. du 24 août 1836.
FAVARD, au lieu de FOUARD (Édouard-Constant-Frédéric), né à Elbeuf en 1822. D du 26 novembre 1853.
FAVIER, au lieu de VIELLAT (Pierre-Joseph-Henri-Magloire, né à la Garde-Paréol (Vaucluse). O. du 20 novembre 1816.
FAVIER DU NOYER *de LESCHERAINE* (Sébastien-Camille), propriétaire, né à Saint-Pierre-d'Albigny, le 5 décembre 1810. D. du 2 mars 1864.
FAVRE-*GILLY* (César-Frédéric), président du tribunal à Bourg, né à Percecy, an V. D. du 23 mai 1860.
FAYARD *de l'ISLE* (Édouard-Nico-

las-Laurent-Simon), maire, né au Molard en 1817. D. du 25 avril 1860

FAYAU *de VILGRUY* (Alexandre-Jean-Baptiste) (le baron), et Ernestan-Charles-Adrien, propriétaires à Paris. O. du 9 janvier 1843.

FELIX-*BEAUJOUR* (Louis), consul, né à Calas en 1765. O. d'octobre.

FENAUX *de MAISMONT* (Joseph-Alexandre-Denis), maire, né à Valenciennes en 1780; Jules-Denis-Joseph, né à Sainte-Radegonde en 1834; et Alexandre-Édouard-Jean-Baptiste, né à Nancy en 1823. D. du 12 mars 1859.

FERAUD-*GIRAUD* (Louis-Joseph-Delphin), avocat, né à Marseille en 1819. O. du 13 novembre 1841.

FERCOQ *du LESLAY* (Emmanuel-Marie), contrôleur des contributions à Paule. D. du 16 décembre 1851.

FEREY-*DEMAY* (Alexandre-Thomas), né à Rouen en 1803. O. du 20 octobre 1819.

FERRATELLY-*GRANOU* (Paul), né à Aix en 1794. O. du 25 mars 1818.

FERRERE-*LAFFITTE* (Jean-Chilon), né à Bayonne en 1795. O. du 24 avril 1822.

FERRI-PISANI-*JOURDAN* (Jean-Baptiste-Félix), lieutenant d'artillerie, né à Paris en 1809. O. du 29 août 1834.

FERRIÈRE-*LEVAYER* (Jean-Théophile-Anne), avocat, né à Orléans en 1812. O. du 20 juin 1836.

FERRIÈRE-*LEVAYER* (Jean-Louis-Henri), né à Orléans en 1813. O. du 17 février 1843.

FERRY *d'AMOREUX* (de) (Richard-François-Eugène), né à Rustrel en 1784. O. du 30 décembre 1829.

FERTÉ-MEUN-*MOLÉ DE CHAMPLATREUX* (de la) (Hubert-Nubert-Joseph) (le comte), né à Paris en 1806. O. du 16 août 1830.

FIEFUET *de SAUVILLE* (Antoine-Louis-Hyacinthe), avocat, né à Paris en 1789. O. du 18 août 1819.

FIEVET-HERTWICH-VANDER-LINDEN (Charles-Louis-Joseph), né à Lille en 1787. O. du 11 juillet 1821.

FILLEUL *de FOSSE* (Maurice-François-Nicolas-Alphonse), lieutenant-colonel, né à Guibray, le 7 mars 1775. O. du 21 février 1827.

FIZEAU-*LEZURIER de la MARTEL* (Prosper-Raoul), propriétaire, né à Valenciennes, le 27 décembre 1823; et Étienne-Sainte-Marie, né en 1825. D. du 35 mai 1861.

FIZEAU-*LEZURIER de la MARTEL* (Louis-Stanislas) (le baron), lieutenant de vaisseau, né à Valenciennes en 1816. D. du 4 mars 1854.

FLAMBART-*DELANOS* (Louis-Guillaume), capitaine, né à Elbeuf en 1818. D. du 12 mars 1859.

FLANDRE DE BRUNVILLE (de) (Antoine-François-*Léonce*), autorisé à joindre le dernier prénom aux deux premiers. D. du 28 mai 1812. (Bull., sér. 4, t. XVI, p. 398.)

FLAUCAUD *de FOURCROY* (Eugène-Antoine-Nicolas), ingénieur, né à Tulle en 1800. D. du 6 juin 1850.

FOUCET *de MONTAILLEUR-RUFFO* (Henri-Gabriel-Joseph), officier, né à Chambéry, le 15 février 1780. O. du 14 décembre 1828.

FORIEL-*DESTEZETS* (Just-Joseph-Noé), né à Colombier-le-Jeune en 1815. D. du 5 juillet 1859.

FORNIER-*SAINT-LARY* (Bertrand-Pierre-Dominique), vice-président de la Chambre des députés. O. du 17 janvier 1815.

FORSANS (Léocadie), et Marie-Églée. O. du 21 mars 1844.

FORTIA-HAIDET (Alfred-Jules-Alphonse) O. du 21 août 1816.

FOSSÉ-*DURCOSSE* (Charlemagne-Ferdinand), payeur, né à Écouen en 1780. O. du 26 mai 1819.

FOUGÈRE-*DUBOURG* (Jean), né à Guérin (Lot-et-Garonne), 31 ans. O. du 11 décembre 1816.

FOUGEROUX-*DUHAMEL* (Auguste), et Armand-Charles-Alexandre, nés à Paris en 1766 et 1781 O. du 23 décembre 1817.

FOUILHEROU (Marguerite), née à Saint-Flour. O. du 15 mai 1816.

FOURCHEUT-*MONT-ROND* (François-Joseph-André), directeur des contributions, né à Bagnols en 1776. O. du 11 août 1824.

FOURIER *de BACOURT* (Charles-Louis-Xavier), propriétaire, né à Toul en 1817. D. du 20 vril 1859.

FOURNIER *de la BARRE*, maire de la Barre (Haute-Saône), né audit lieu, le 21 fructidor an VIII; et Jo-

SEPH-THÉODORE, propriétaire, né en 1832. D. du 4 novembre 1863.

FOURNIER-*SARLOVÈSE* (François), lieutenant général, né à Sarlat en 1772. O. du 10 mars 1819.

FOURRIER-*BACOURT* (François-Godefroy), magistrat, né à Nancy en 1756. O. du 29 novembre 1820.

FRANCESCHINI-*PIÉTRI* (Jean-Baptiste), attaché au cabinet de l'Empereur, né à Monticcello (Corse), en 1834. D. du 6 juin 1857.

FRANÇOIS-CHABRAN (Joseph), cultivateur, né à Carpentras en 1817. O. du 6 octobre 1841.

FRANÇOIS-*CHAUMONT* (Edme), né à Auxerre en 1780. O. du 9 septembre 1818.

FRANÇOIS-*DAINVILLE* (François-Louis), né à Paris en 1788. O. du 6 juin 1821.

FRANÇOIS-*THIÉBAUT* (Félix), de Beaufresne (Neufchâtel). D. du 25 octobre 1813. (Bull., sér. 4, t. XIX, p. 314.)

FRANÇOIS-*RAILLON*, propriétaire, né à la Guadeloupe en 1793; et ses enfants. D. du 27 octobre 1858.

FRANÇOIS *de DOMESMONT* (Henri-Gaspard-Séverin), conseiller à la cour d'Amiens, né à Amiens, an VIII. D. du 25 janvier 1860.

FRANÇOIS-*SAINT-MAUR* (Eustache-Maur), avocat général, né à Laon en 1825. D. du 30 mai 1860.

FRANÇOIS-*VERSENAI* (Antoine-Thomas-d'Aquin), né à Nancy en 1790. O. du 21 juillet 1819.

FRÉCOT, au lieu de FRICOT (François-Firmin(, juge de paix, né à Belfort en 1746. O. du du 1er septembre 1819.

FREDAULT, au lieu de FRICAULT (Louis-Charles). O. du 19 janvier 1844.

FREMYN, au lieu de VILLAIN (Auguste-Louis-Germain), propriétaire, né à Paris en 1765. O. du 18 décembre 1816.

FRÉTIGNY-*FRANCONY* (Jean-Baptiste-H[illegible]ri), né à Paris en 1823. O. du 27 décembre 1847.

FRITSCH-*LANG* (Jacques-Octave-François), percepteur, né à Belfort en 1831. D. du 5 décembre 1860.

FROIS-*LÉON* (Abraham), négociant, né à Bayonne en 1807. D. du 17 mai 1859.

FROMENT-*FROMENTES* de CASTILLE (Gabriel-Joseph), maire d'Argilliers, né à Uzès en 1747. O. du 19 août 1818.

FROMENTIN-*SAINT-CHARLES* (Adrien-Charles-Adelin), officier. O. du 5 juin 1816.

G

GAILLARD *de FERRY* (Joseph-François-Amédée-Louis), consul, né à Gênes, an X. D. du 30 mai 1860.

GAILLARD *de la DIONNERIE* (François-Xavier-René), juge, né à Poitiers en 1783. D. du 7 novembre 1860.

GALONIÉ *de MIREMONT* (Jean-François-Eugène), né à Saint-Laurent-d'Olt (Aveyron) en 1796. O. du 22 février 1838.

GANTEAUME DE LA ROUVIÈRE *de CASTILLON* (Étienne), né à Castellet, le 22 octobre 1787. O. du 14 décembre 1828.

GARDANNE *de VOLGRENAUD* (Charles-Léon), né à Paris en 1801. O. du 20 septembre 1820.

GARDE-*MONTLEZUN* (de la) (Charles-Henri-Prosper) (le baron), né à Évreux en 1792. O. du 18 décembre 1816.

GARDE-*MONTLEZUN* (de la). Rév. par O. du 12 août 1818 celle du 18 décembre 1816.

GARDEAUX-*GARDELAUD*, (Antoine), né à Codelech (Dordogne) en 1783. O. du 6 janvier 1819.

GARRAU *de LABARRE* (Louis-Jacques-James-Aimé-Frédéric), conseiller à la cour d'Angers, né à Saint-Remi-la-Varenne, an V. D. du 5 juillet 1859.

GARRI-*GUÉRIN* (Pierre-Henri), né à Montelier (Drôme) en 1762. O. du 25 mars 1818.

GASCHON *de MOLÈNES* (Dieudonné-Jean-Baptiste-Paul). O. du 17 février 1843.

GASSE, au lieu de PAPAVOINE (Benjamin), cuisinier, né à Louviers en 1826. D. du 20 septembre 1856.

GASTIN, au lieu de PERRIMOND (Pancrace), né à Aups en 1777. O. du 11 février 1818.

GAUALAN-*LEFAUCHEUX* (Auguste), frère, à Nantes. D. du 10 juin 1854.

GAUDEFROY-*BOUTTES* (Julien), propriétaire, né à Carcassonne en 1818. D. du 23 mars 1859.

GAUGAIN *de SAINT-VIGOR* (Pierre-Gustave-Alexandre), né à Caen, le 26 juin 1791; Louis-Henri-Léopold, né an IV; et Augustin-Fortuné, né an VIII. D. du 4 mai 1861.

GAUGIRAND-*NANTEUIL* (Pierre-Charles), né à Toulouse en 1775. O. du 25 avril 1834.

GAULLIARD-MARTINE *de FONTAINE* (Robert), né aux Fonds (Aisne), sous-préfet de Montreuil. O. du 12 février 1817.

GAUTHIER-*AUBETERRE* (Pierre), lieutenant de gendarmerie, né à Antibes en 1780. O. du 6 novembre 1817.

GAUTHIER-*CONDOULET* (Jean-Baptiste), chanoine de Saint-Denis, né à Oppède en 1753. O. du 5 août 1818.

GAUTHIER-*CRESSY* (Casimir-François-Marie-Louis), lieutenant de vaisseau. O. du 13 décembre 1814. (Bull., sér. 5, t. II, p. 615.

GAUTHIER-*VILLARS* (Jean-Albert), inspecteur des télégraphes, né à Lons-le-Saunier en 1828. D. du 7 juillet 1859.

GAUTHIER, au lieu de CHAPPON (François-Édouard), négociant, né à Nice, le 25 mai 1831. D. du 20 février 1861.

GAUTHIER *de SAINT-MICHEL* (Edme-Alexis-David), receveur de l'enregistrement, né à Paris, le 4 complémentaire an IX. D. du 7 novembre 1863.

GAYET *de CÉSENA* (Amédée-Barthélemi), homme de lettres, né à Sestri-du-Levant (Italie), le 15 septembre 1810. D. du 10 février 1864.

GEFFRIER *de PULLY* (Marie-Augustin-Gustave), propriétaire, né à Orléans en 1808; et ses enfants. D. du 10 novembre 1860.

GENTIL *de SAINT-ALPHONSE* (Alphonse-Louis) (le comte), maréchal de camp, né à Versailles en 1777. O. du 28 mai 1817.

GENTY *de BUSSY* (Pierre), intendant militaire, né à Choisy-sur-Seine en 1793. D. du 30 juin 1860.

GEOFFROY *d'ASTIER* (Antoine-François). O. du 11 novembre 1831.

GEOFFROY-*CHATEAU* (Paul-Louis-Napoléon), né à Paris, le 23 février 1841. D. du 28 janvier 1863.

GEOFFROY *de VILLENEUVE* (Ernest-Louis), député, né à Paris en 1803. D. du 12 juillet 1859.

GEORGES *des AULNOIS* (Jean-Baptiste-François), magistrat, de Pont-à-Mousson. O. du 4 juillet 1821.

GEORGE-*LEMAIRE* (Alphonse-Léopold), substitut, né à Triancourt en 1833. D. du 24 novembre 1860.

GERBÉ *de THORÉ* (Auguste-Pierre Volsay), procureur impérial, né à Montfort-l'Amaury en 1814. D. du 3 mars 1860.

GERVAIS *d'ALDIN* (Antoine-Augustin), et ses fils. D. du 26 juillet 1849.

GERVAIS *d'ALDIN* (Antoine-Augustin), et Victor-Camille. D. du 19 décembre 1848.

GERVAISE, au lieu de BELLE-GUEULLE, commis de banque, né à Bar-le-Duc en 1829. D. du 10 novembre 1856.

GESBERT *de la NOE-SEICHE* (Marie-Louise-Sophie), née à Rouen, le 18 novembre 1829; Jean-Marie-Joseph, juge, né à Dinan, an II; Arthur-Louis-Bertrand, substitut, né à Rouen, le 20 septembre 1833. D. du 25 avril 1863.

GESVROLLES, au lieu de COCUSSE (Claude-Philippe-Edmond), né à Wissans (Seine-et-Oise) en 1797. O. du 31 mars 1825.

GEVELOT, au lieu de BATARD-GEVELOT (Jules-Félix), né à Paris, le 6 juin 1826. D. du 23 novembre 1862.

GHESQUIÈRE-*DIERIKX* (Charles-Désiré), négociant, né à Lille, le 11 mai 1833; Gustave-Louis et Désiré-Adolphe. D. du 5 avril 1862.

GIFFARD LE LA FOSSE-ANGE-

NOUST *de VILLEFONTAINE* (Louis-Augustin), né à Paris en 1760. O. du 4 juin 1817.

GILLE-*BERNARD*, au lieu de GILLE-JEANNE, dit BERNARD, de Mesnil-Raoult (Manche). D. du 1er février 1813. (Bull., sér. 4, t. XVIII, p. 198.)

GILLE-*DUMARCHAIS* (François-Charles), capitaine, né à Tours en 1792. O. du 12 mai 1840.

GILLEBERT, au lieu de CUCU (Paul-Amédée), pharmacien, né à Dieppe en 1799. O. du 17 août 1825.

GILLEBERT-*DHERCOURT* (Louis-Antoine), médecin, né à Montargis, le 10 décembre 1808. D. du 9 janvier 1862.

GILLET-*ROUSSIN* (Henri-Honoré-André), substitut, né à Marseille en 1827. D. du 2 mai 1860.

GILLET-*VALBREUSE* (André-Roch-François-Marie), propriétaire, né à Lyon en 1776. O. du 14 avril 1819.

GILLIOT *de RONCOURT* (Pierre-Jean-Baptiste), officier, né à Paris en 1773. O. du 28 avril 1819.

GINOUX-*DEFERMONT* (César-Auguste), auditeur au conseil d'État, né à Paris en 1828. D. du 2 février 1866.

GIRARD *de CAILLEUX*, médecin, né à Lyon. D. du 14 avril 1860.

GIRAUD-*DUPLESSIS* (Jean-Baptiste-Henri-Augustin), né à Paris en 1816. O. du 6 septembre 1842.

GIRAUD-*MILLIOZ* (Charles), de Grenoble. O. du 30 mars 1846. (Bull. 1848.)

GIRAUD-*TEULON* (Marc-Antoine-Emile-Alexis), avocat, né à Marseille, le 27 août 1839. D. du 23 décembre 1863.

GIRAUDEAU-*SAINT-GERVAIS*, médecin, né à Saint-Gervais (Vienne), an X. D. du 4 mai 1859.

GLAUDINES-CAPDEBON (Joseph-Alphonse-Marie), lieutenant, né à Pau en 1809. O. du 8 septembre 1829. (Bull. 1846.)

GLEIZES *de FOURCROY* (Charles-Philippe), commissaire de marine, né à Brest en 1823. D. du 19 avril 1856.

GODARD-*DUBUC* (Isidore-Gilbert-Honoré), né à Vignacourt (Somme) en 1791. O. du 11 avril 1821.

GODARD *de JUVIGNY* (Alexandre), payeur, né à Châlons-sur-Marne en 1786. O. du 14 avril 1819, rév. par O. du 27 décembre 1820.

GODEFROY *de MÉNILGLAISE* (Denis-Charles), de Paris. O. du 15 décembre 1846.

GOHIN *de CHARNÉ* (Édouard-Julien-Louis), magistrat, né à Coudray en 1797; et ses enfants, Albert-Marie et Alix-Marie. D. du 31 août 1858.

GOMICHON *des GRANGES* (Philibert), chef d'institution, né à Bourbon-l'Archambault en 1795; et ses fils. D. du 26 mai 1855.

GONIN, au lieu de MENNBERGER (Jeanne-Albane), née à Charnay (Saône-et-Loire) en 1831; Edouard, né à Lyon en 1833; Antoine-Alphonse, né à la Croix-Rousse (Lyon) en 1835. O. du 30 mars 1838.

GORIN-*DEMIOUSSEY* (Édouard-Napoléon), sous-lieutenant, né à Bordeaux en 1798. O. du 25 novembre 1829.

GOSSET-*GRAINVILLE* (Ernest), né à Paris, le 26 juin 1838. Même autorisation à M. Gosset (Napoléon), né à Amboise, le 24 vendémiaire an XIV. D. du 23 mars 1864.

GOTTSCHLACK-*WOLFF*, de Cologne, père et fils, dont les prénoms étaient Heymann et Philippe. D. du 15 juin 1812. (Bull., sér. 4, t. XVI, p. 411.)

GOUDARD-*VIGOUREUX* (Antoine-Pollius-Alexandre-Saint-Amour), négociant, né à Marseille en 1836. D. du 27 novembre 1859.

GOUGET-*DESFONTAINES* (Jean-Louis-Amédée), receveur des finances, né à Paris en 1809. D. du 3 novembre 1860.

GOULHOT *de SAINT-GERMAIN* (Philippe Jean-Baptiste-Nicolas) (le vicomte), né à Mortain en 1764. O. du 3 décembre 1817.

GOUPIL-*PRÉFELU* (Charles-Auguste-Anatole), né à Paris en 1824. D. du 15 février 1852.

GOURG *de MOURE* (Marie-Pierre-François), juge, né à Carcassonne en 1760. O. du 23 juillet 1817.

GOURNAY *d'ARNOUVILLE* (Abel), capitaine, né à la Haye-Pesnel (Manche) en 1781. O. du 5 mai 1819.

GOURY *du ROSLAN* (Célian-Louis-Anne-Marie) (le baron), né à Landerneau en 1811. D. du 31 décembre 1859.

GOUSSIAUME-*LE ROY* (Gabriel-Alexandre), sous-lieutenant d'infanterie, né à Caen en 1797. O. du 2 septembre 1818.

GRANDET *de LA VILLETTE* (Jacques), capitaine, né à Paris en 1800; et CHARLES-GUSTAVE, né à Chartres en 1803. O. du 1er septembre 1824.

GRANDIN *de l'ÉPERVIER* (Louis-Charles-Alfred), officier, né à Vendôme, le 23 avril 1823. D. du 2 novembre 1864.

GRANDJEAN, au lieu de JEANJEAN (Charles), maçon, demeurant à Paris. D. du 27 février 1849.

GRANGEZ *du ROUET* (Édouard-Louis), capitaine, né à Reims en 1823. D. du 5 mars 1859.

GRASSET *de LANGEAC* (Théodore-Abel), propriétaire, né à Paris, le 22 octobre 1827; et CLAUDE-PAUL-MARIE-ABEL, né en 1830. D. du 24 avril 1861.

GRÉBAN *de PONTOURNY* (Hippolyte-Jean-Marie), officier, né à Brest, le 15 juin 1807. D. du 11 août 1862.

GRELLET-*DUMAZEAU* (Étienne-André-Théodore), président de chambre, né à Aubusson, an XII. D. du 10 août 1860.

GRIGNET DE SAINT-LOUP-*BOIS-MORIN* (Marguerite). O. du 17 janvier 1815.

GROSCASSAN - *DORIMON* (Jean), capitaine, né à Lyon en 1775. O. du 18 novembre 1818.

GRUJON *LE BAS* (Léon), né à Paris en 1834. D. du 25 juin 1860.

GUERIN-*PRAT* (Jules-Pierre), commerçant, né à Paris, le 4 septembre 1827. D. du 29 juillet 1861.

GUÉRIN-*VILLEAUBREIL* (Julien-Marie), né à Saint-Thélo en 1806; LOUIS-MARIE, juge de paix, né en 1807; ANGE-MATHURIN, receveur des contributions, né en 1810; MAURICE-HENRI-CHARLES, notaire, né en 1811; PIERRE-FRANÇOIS, prêtre, né en 1813; et RENÉ-MARIE, contrôleur des douanes, né en 1817. D. du 31 octobre 1860.

GUERINEAU *de la VARENNE* (Maurice-Thomas), maire, né à Bonneval en 1747. O. du 8 janvier 1823.

GUIBAL-*ANNE-VEAUTE* (Louis-David), négociant, né à Castres en 1781. O. du 19 mars 1820.

GUIBAL - *VEAUTE* (Louis-David), négociant, né à Castres en 1781. O. du 19 mars 1820.

GUILHOT-*LA GARDE* (Paul-Pierre-Jean-Isaac), inspecteur de l'enregistrement. O. du 18 octobre 1815.

GUILLAUME *d'AURIBEAU* (Louis-Amand-Camille), préfet, né à Châtillon en 1823. D. du 2 avril 1859.

GUILLAUME *de ROQUETTE* (Georges-Émile), né à Meudon, le 29 août 1837. D. du 14 décembre 1863.

GUILLAUME-*REY* (Alban-Emmanuel), rentier, né à Chaumont en 1837. D. du 9 février 1859.

GUILLAULT-*DELAVEAU* (Dominique-Hilaire-Eugène), juge de paix, né à Marigny-Brisais en 1816. D. du 1er août 1860.

GUILLEBOT-*de NERVILLE* (Jean-Ludovic), ingénieur, né à Cognac en 1815. D. du 25 juillet 1860.

GUILLEMARDET-*LEMARE* (Louis-Philippe), né à Autun, le 22 octobre 1790. O. du 28 décembre 1828.

GUILLIN - *MANGILLI* (Edouard-François), né à Pederiva (Trévise) en 1841. D. du 1er décembre 1860.

GUILLOU-LABOILLÉE, au lieu de LOUVEL (Jean-Baptiste), né à Versailles en 1765. O. du 4 octobre 1820.

GUIMET *de JUZANCOURT* (Armand). O. du 20 juin 1844.

GUINOND, au lieu de GUIGNON (Xavier-Ernest), né à Paris en 1833; et GABRIEL-ARTHUR, né en 1838. D. du 23 mai 1860.

GUINOT-*SAINT-HUBERT* (Bonaventure-Pierre), né à Paris en 1782. O. du 1er octobre 1817.

GUIOT *de la ROCHÈRE* (Louis), né à Mouterre, le 5 novembre 1816. Même autorisation à M. GUIOT (François-Henri), officier, né à Availles en 1818, et à M. GUIOT (François-Alfred), maire de Mouterre. D. du 23 mars 1864.

GUIRAUD-*DELPAS de SAINT-MARSAL* (Raymond-Marc-Antoine), officier, né à Limoux, le 21 janvier 1780. O. du 3 août 1828.

GUITARD, au lieu de COCU (Joseph), né à Meaux en 1810; et ses enfants. D. du 31 mars 1860.

GUITTON-*TALAMEL* (Jean-François-Roch). O. du 1er avril 1840.

GUYOT *d'ARLINCOURT* (Augustin-Jules), propriétaire à Paris, né en 1797. D. du 21 janvier 1857.

GUYOT-*GUILLEMOT* (Dominique), conseiller à la cour de Dijon, né l'an IV. D. du 30 mai 1860.

GUYOT-*LEFRANÇOIS* (Damase-Adélaïde), de Paris. O. du 15 mai 1848.

GUYOT-*SIONNEST* (Henri-Étienne), avoué, né à Paris en 1832. D. du 31 octobre 1860.

H

HACHE *de la CONTAMINE*, colonel, né à Grenoble en 1773. Ordonnance du 20 avril 1825.

HAGET, au lieu de PATOURET (Pierre). D. du 4 septembre 1849.

HAINCQUE *de SAINT-SENOCH* (Édouard-Marie), auditeur à la cour des comptes, né à Tours, le 6 avril 1826 D. du 29 décembre 1860.

HAINCQUE *de SAINT-SENOCH* (Pierre-Albert), étudiant, né à Tours, le 14 juillet 1833; et EDGAR-SAINTE-MARIE), né en 1839. D. du 30 octobre 1861.

HAINNEVILLE (*d'*), au lieu de LANON (Louis-Joseph), né à Saint-Lô en 1774. O. du 1er septembre 1825.

HALLEZ *d'ARRAS* (Hippolyte), juge, né à Haguenau en 1812. O. du 3 avril 1841.

HALLEZ-*CLAPARÈDE* (Philippe-Marie-Michel-Joseph-Amédée), inspecteur des finances, né à Paris en 1812; et XAVIER-ALOÏSE-ÉMILE-LÉONCE, conseiller d'État, né en 1813. O. du 11 août 1841.

HAMEL *de la BERQUERIE* (Eugène), propriétaire, né à la Trinité-du-Mesnil, le 10 prairial an VIII. D. du 13 août 1861.

HANDOS *de POSSESSE* (Jacques), colonel, né à Vitry-le-François en 1753. O. du 16 février 1825.

HANNET *de BERNOVILLE* (Alexis-Armand-Martial), né à Aisonville-et-Bernoville en 1811; JULES-FERDINAND, né en 1823; HIPPOLYTE-AMÉDÉE, né en 1826. D. du 14 avril 1860.

HARAMBOURE, au lieu de ARAMBURU (Pierre), né à Tardets, le 10 vendémiaire an VI. D. du 20 août 1864.

HARMAND-*HERMANN* (Jean-Dominique), propriétaire, né à Metz en 1764. O. du 2 octobre 1816.

HAROUARD *d'AULAN* (Marie-Louis-Étienne), né à Saint-Julien-du-Sault (Yonne). O. du 18 octobre 1814. (Bull., sér. 5, t. II, p. 318.)

HAROUARD *de SUAREZ* d'AULAN (Marie-Louis-Etienne), propriétaire, né en 1804, demeurant à Paris. D. du 29 octobre 1853.

HARRJÉ, au lieu de WARNECKE (Auguste-Henri), de Wulsdorf. D. du 31 janvier 1813. (Bull., sér. 4, t. XVIII, p. 194.)

HAUDRY-*SOUCY* (Antoine), né à Paris en 1765. O. du 13 janvier 1810.

HAVRE (Auguste-Eugénie). D. du 14 février 1849. (Bull. 1856.)

HÉBERT *d'ARTHENAY* (Anne-Jacques-Jean), né à Paris en 1789. O. du 12 août 1818.

HÉBRARD-*VILLENEUVE* (Camille-Étienne), propriétaire, né à Riom, le 25 avril 1819. D. du 24 avril 1861.

HEECKEREN, au lieu de d'ANTHÈS (Georges-Charles), propriétaire, né à Colmar en 1812. O. du 1er avril 1840.

HÉLANT-*PETIT* (Jean-Matthieu), né à Amsterdam en 1786. O. du 24 février 1819.

HELLOUIN DE CENIVAL-*BRISSON* (Louis), demeurant à Argentan. O. du 1er mai 1846.

HELMA-GRAND (Nicolas), né à Paris en 1803. O. du 21 juin 1829.

HÉNAULT, au lieu de MALE (Joseph-Male-Jean-François), né à Paris en 1815. O. du 4 février 1824.

HENRI-*LONGUÈVE* (Jean-Louis), maître des requêtes. O. du 31 janvier 1815.

HENRI-*MONCHAU*, relieur, né à Paris, le 22 juillet 1826. D. du 7 février 1863.

HENRIGUES *de MONTVERT* (François-Simon), major de cavalerie, né à Saint-Chamas en 1769. O. du 22 février 1821.

HENRION-*STAAL* (François-Gabriel). O. du 3 avril 1816.

HENRION-STAAL DE MAGNONCOUR *de TRACY* (Jacques-Victor-Flavien), lieutenant, né à Paris, le 7 juin 1838. D. du 14 juin 1861.

HENRY, au lieu de HEINRICH (Louis-Guillaume-Joseph), marchand, né à Strasbourg en 1832. D. du 6 mai 1859.

HENRY-*DEPROGE* (Pierre), né à Fort-Royal (Martinique). O. du 31 août 1837.

HENRY-*LASSÉ* (Nicolas-Charles), capitaine d'infanterie, né à Phalsbourg en 1782. O. du 19 février 1817.

HENRY-*LEPAUTE* (Augustin-Michel), horloger à Paris; et ses deux fils. D. du 13 décembre 1854.

HÉRICART DE THURY-*FERRAUD* (vicomte), maître des requêtes. O. du 8 février 1815.

HERVÉ *de LAVAUR* (Jacques-François-Henri-Hippolyte), propriétaire, né à Tournus, le 4 fructidor an V; et Louis-Gustave, né en 1822. D. du 24 août 1861.

HERWYN *de NEVELE* (Pierre-Antoine), sénateur, comte de l'Empire, autorisé à joindre le nom *de NEVELE* au sien. D. du 9 janvier 1812. (Bull., sér. 4, t. XVI, p. 9.)

HEULHARD *de MONTIGNY* (Charles-Gilbert), magistrat, né à Lormes en 1771. D. du 24 mars 1860.

HOLLANDE-*PETIT* (Fidèle-Auguste), négociant à Lyon. O. du 4 novembre 1835.

HONS-*OLIVIER* (Michel-Louis-Hippolyte), né à Ceffonds, le 28 pluviôse an III; et Charles-Hippolyte, né en 1831. D. du 14 juillet 1862.

HORME *de l'ILE* (de l') (Jean-François-Marie) (le baron), capitaine d'état-major, né au Fort-Saint-Pierre (Martinique) en 1776. O. du 25 juin 1817.

HOTE-*VERSIGNI* (l') (Claude-Léonore), capitaine, maire de Versigni. O. du 31 janvier 1815.

HOUILLON-*VILLICY* (Christophe-François-Étienne), lieutenant-colonel, né à Toul en 1771. O. du 21 novembre 1821.

HOVYN *de TRANCHÈRE* (Jules-Auguste), né à Bordeaux en 1816. O. du 12 janvier 1844.

HUARD *du BOISRENAULT* (Paul-Joseph), propriétaire, né à Buzançais, le 11 mars 1834. D. du 27 février 1861.

HUBBARD *de FINGERLIN* (Jean-Henri-Othon), propriétaire, né à Paris en 1822. D. du 16 janvier 1858.

HUBERT-*CASTEX* (Georges), sous-lieutenant, né à Paris en 1828. D. du 19 juillet 1850.

HUBIN-*GUER* DE LA RAIRIE (François-Joseph-René), avocat à Bourgneuf (Loire-Inférieure). O. du 28 février 1815.

HUE-*MARCENAY* (Pauline-Alphonsine-Virginie), née à Villefranche en 1798. O. du 9 juillet 1817.

HUE-*MARCENAY* (François), garde du corps. O. du 10 janvier 1815.

HUGUET, au lieu de GIRARD (Auguste-Désiré), né à Dijon en 1824. O. du 17 novembre 1843.

HUILLIER, au lieu de COCU (Viala). O. du 27 août 1846.

HUILLIER *de HOFF* (l') (François) (le baron), lieutenant général, né à Cuisery (Saône-et-Loire) en 1759. O. du 12 février 1817.

HUMBERT-*HARMAND* (Henri), né à Nancy en 1829. D. du 25 juillet 1850.

HUON-*PENANSTER* (Charles-Marie-Pierre), propriétaire, né à Lannion en 1832; et Julien-Marie-Cyprien, lieutenant, né en 1834. D. du 19 novembre 1859.

HUOT-*DURAND* (Jean-Baptiste), et Augustin, nés à Moulins en 1784 et 1787. O. du 3 février 1819.

HUPAIS *de SALIENNE* (Alexandre-Bertrand-François), colonel, né à Paris en 1787; et Auguste-François-Édouard, capitaine, né en 1797. O. du 24 janvier 1837.

HURARD (Marcel-Victor-Amédée), né à la Martinique en 1823. D. du 6 février 1850.

HUREL-*DUCAMPART* (Pierre-

Charles-Léonor), notaire, né à Plainville en 1781. O. du 1er septembre 1825.

HIPPOLYTE-*GÉRICAULT* (Georges), né à Paris en 1818. O. du 11 novembre 1840.

I

FFLA-*OSIRIS* (Daniel), rentier, né à Bordeaux, le 23 juillet 1825. D. du 24 août 1861.

ISNARD *de LAINTE-LORETTE* (Jean-François-Louis-Sauveur), major, né à Grasse en 1785. O. du 28 avril 1809.

ITASSE-*GUIFFROU* (Charles-Antoine), né à Paris en 1830. O. du 7 avril 1841

J

J*ACOBBER*, au lieu de BERJACOB, peintre à Sèvres, né à Bliescostel en Bavière. O. du 7 avril 1835.

JACOBÉ *de GONCOURT* (Ambroise), propriétaire, né à Vitry-le-François, an VII; et Louis, né en 1830. D. du 7 janvier 1860.

JACOBÉ *de SOULANGES* (Louis), né à Vitry-le-François en 1767. O. du 29 août 1821.

JACOUBERT, au lieu de CANTEGRIL (Marc-Antoine), né à Toulouse en 1814. O. du 16 novembre 1835.

JACQUEMET-*CAZOT* (François-Joseph-Prosper), magistrat, né à Lyon, an XII. O. du 30 octobre 1834.

JACQUEMIN, au lieu de MACQUIN (Jean-François), de Toul. O. du 8 septembre 1846.

JACQUES-*LACROIX* (François), né à Viéville-en-Haye (Meurthe) en 1783. O. du 11 février 1820.

JACQUES-*LESEIGNEUR* (Louis-Félix-Alexandre), né à Saint-Valery en 1814. D. du 3 mai 1860.

JACQUES-*PALOTTE* (Nicolas), propriétaire, né à Yrancy (Yonne) en 1769. O. du 10 mars 1824.

JACQUET *de BRAY* (de) (Antoine-Joseph-Hilaire), officier, né à Florensac en 1797. O. du 21 juin 1829, rév. par O. du 10 janvier 1832.

JACQUIER *de BIEF* (Clément-Frédéric), né à Lyon en 1772. O. du 20 juin 1821.

JACQUIER-*DENOYELLE* (Jean-Baptiste-Joseph), né à Loches en 1775. O. du 12 mai 1820.

JACQUIER-*TERREBASSE* (Pierre). O. du 3 janvier 1815. (Bull., sér. 5, t. III, p. 12.)

JACQUIN-*PLATEL du PLATEAU* (Nicolas-Charles), né à Kœurs (Meuse) en 1764, capitain[illegible] d'infanterie. O. du 11 septembre 1[illegible]6.

JACQUINOT-*PAMPELU*[illegible] (Claude-François-Joseph-Cather[illegible]), ancien procureur général. O. [illegible] 28 février 1815.

JACQUOT-*DONNAT* (Mar[illegible]-Charles), vice-président de tribunal, né à Colmar en 1811. D. du 9 mai 1860.

JAMBERT, au lieu de SAIGNON (Eugène), propriétaire à Gimont (Gers). O. du 3 septembre 1836.

JAMMET-*MONTALBA* (Honoré-François-Joseph), propriétaire à Cabestany; et Guillem, mercier à Perpignan. D. du 2 avril 1849.

JANNOT *de MOREY* (Jean-Pierre), conseiller à la cour de Nancy, né audit lieu en 1787. O. du 4 août 1819.

JAUME-*SAINT-HILAIRE* (Henri-Joseph-Alexandre), conseiller de préfecture, né à Paris, le 10 septembre 1822; Alexandre-Eugène-Alexis, et Ernest-Henri-Léon. D. du 24 août 1861.

JAUVIN *d'ATTAINVILLE* (Louis-Jules), propriétaire, né à Paris, an XI. D. 6 avril 1859.

JAVAL-*HALPHEN* (Léon), négociant, né à Rambervilliers en 1799. O. du 16 août 1843.

JEAN-*BIFFE*, né à Brioude en 1788, et JEAN-BIFFE (Jean-Philibert-Eugène), né à Paris en 1819. O. du 5 février 1841.

JEAN-*FABIEN* (Jacques-Lazare), de Paris. O. du 26 décembre 1839.

JEAN-*FONTAINE* (François-Sébastien), fabricant d'acier, né à Saint-Sauveur-Landolin en 1803; et AUGUSTE-CAROLIN, son frère, libraire. D. du 13 février 1858.

JEAN-JOSEPH-*ORLHIAQ*, négociant, né à Moissac, le 20 mars 1835. D. du 8 mars 1862.

JEAN-*LAGRAVE* (Jean-Hippolyte), médecin, né à Paris en 1809. O. du 22 septembre 1841.

JEAN-*LÉO*, négociant, né à la Martinique, et ses huit enfants. D. du 26 mai 1856.

JEAN-LOUIS-*MONNIÉ* (Jacques-Eugène-Henri-Joseph), et JEAN-LOUIS. D. du 13 septembre 1852.

JEAN-PHILIPPE, dit ADOLPHE-*SAINT-AUBIN*, ébéniste, né à la Martinique en 1801; et LÉOPOLD. D. du 31 août 1858.

JEAN-*PASCAL* (Joseph), né en 1778, de Barcelonnette. O. du 31 juillet 1816.

JEANNEAU-*LA GRAVE* (Jacques), adjoint au maire, né à Embrun en 1769. O. du 8 janvier 1817.

JEANNOTTE-*BOZÉRIAN* (Jules-François), homme de lettres, né à Paris en 1825. D. du 28 janvier 1851.

JESSÉ *de LEVAS* (de) (Joseph-Antoine-César-Émilien), propriétaire, né à Lyon, le 2 mars 1829. D. du 2 novembre 1864.

JOBERT, au lieu de JOBARD (Armand-François), médecin, né à Dôle en 1812. O. du 8 mai 1841.

JOLIS, au lieu de GROUX (François-Xavier), né à Paris en 1798. O. du 15 septembre 1819.

JOLLIVET, au lieu de COCU (Fortuné), lieutenant, né à la Pommeraye en 1799. O. du 14 décembre 1825.

JOLLY-*MUNSTHAL* (Louis-Adolphe), lieutenant-colonel, né à Nancy en 1773. O. du 28 mai 1817.

JORE *d'ARCES* (Louis-Auguste), capitaine, né à Grenoble en 1795. O. du 10 octobre 1829.

JOSELLE-*FAROU* (Antoine-François), de Vimoutiers (Orne). O. du 8 février 1815.

JOSEPH-*DEMILE*, et Alexis-Joseph-*DEMILE*, nés à Fort-Royal (Martinique) en 1765 et 1807. O. du 27 octobre 1837.

JOSEPH-*HENRY* (Henri-Léon), né à Nancy, le 21 juillet 1827. D. du 21 mars 1861.

JOUET-*PASTRÉ* (Michel-Albert), né à Paris, le 10 décembre 1829. D. du 26 février 1862.

JOURDAIN *d'ARSONVILLE* (François-Xavier-Félix), inspecteur des forêts. O. du 19 mai 1845.

JOVIN *des FAYÈRES* (Aimé-Denis-Constant) (le baron), né à Noisy-le-Grand en 1807. D. du 25 juin 1860.

JOYE *de BAYE* (François-Michel-Ernest), né à Paris en 1811. O. du 4 mars 1830.

JUBERT *de GLÈZE* (Charles-Henri-Pierre-Guillaume), officier, né à Paris en 1796. O. du 21 juin 1829.

JUDE, au lieu de JUDAS-JUDE (Philibert), percepteur, né à Autun, le 18 juillet 1822. D. du 12 novembre 1861.

JUESTZ d'YNGLEMARE-*PUISSAN* (Jules-Anatole), propriétaire, né à Valenton en 1826. D. du 14 juillet 1858.

JUGLET *de LORMAYE* (Charles-Just-Anatole), propriétaire, né à Paris en 1834. D. du 1er août 1860.

JULIEN-*FRANCOUL* (Antoine-Joseph-Louis), contrôleur des contributions à Digne. O. du 23 mars 1836.

JUMEL *de NOIRETERRE* (Antoine-Valentin), capitaine, né à Belleville (Seine) en 1824. D. du 28 mars 1860.

JUNON-*LOMBARD* (Gabriel), propriétaire, de Saint-Jurson (Basses-Alpes). D. du 30 août 1849.

JUPIN, au lieu de LOUVEL, né au Mans en 1765. O. du 16 mai 1821.

K

KÉGUELIN *de ROZIÈRES* (Paul-Louis-Antoine-Alexandre-Marie), de Strasbourg; LOUIS-FRANÇOIS-HONORÉ-JEAN, et AUGUSTE, tous trois frères. D. du 31 janvier 1813. (Bull., sér. 4, t. XVIII, p. 197.)

KERNY-*SARRASIN* (Léon), né à Saint-Louis (Sénégal) en 1834; et HÉLÈNE-IRMA, née en 1839. D. du 2 juillet 1864.

KOCH, au lieu de SUTTER (Julie), de Sainte-Marie-aux-Mines. O. du 10 février 1842.

L

LABARTHE-*MALARD* (Paul-Florent-Marguerite), maire de Castera (Haute-Garonne). O. du 14 mars 1815.

LABATUT-*BROUSSES* (Fortuné), propriétaire, né à Limoux en 1811. O. du 20 janvier 1835.

LABROSSE-*LUNYT* (Jean-Baptiste-Alphonse), sous-lieutenant, né au Havre en 1831; et PAUL-BERNARD, ingénieur, né en 1825. D. du 25 juillet 1860.

LABRUNIE-*LAPRADE* (Guillaume-Marie), juge de paix, né à Martel en 1791; et JEAN-GUILLAUME-LÉOPOLD-LOUIS, né en 1824. D. du 14 juillet 1860.

LACAVE-LAPLAGNE-*BARRIS* (Raymond-Jean-François-Marie), avocat général, né à Montesquiou (Gers) en 1786. O. du 1er décembre 1824.

LACHÈZE-*MUREL* (Pierre-Joseph), maître des requêtes. O. du 28 février 1815.

LACOURNÉ (Gustave), à Saint-Pierre (Martinique). O. du 9 juillet 1846.

LACROIX, au lieu de CANTEGRIL (Jean), né à Toulouse en 1814. O. du 2 août 1836.

LACROIX *de CARIÈS DE SÉNILHES* (Christophe), propriétaire, né à Marcigny en 1810; et LOUIS-RAYMOND, né en 1856. D. du 1er août 1860.

LAFAGE-*DOSTEIN*, baron LECLERC (François), né à Gaujac en 1776. O. du 23 septembre 1818.

LAFFON-*SAINT-MARC* (Jean-Paul), secrétaire du sous-préfet de Castelnaudary. O. du 14 février 181?.

LAFFORGUE-*ROBERTSON* (Pierre-Charles-Théodore), professeur, né à Paris en 1803. D. de 1858.

LAFITE, au lieu de LOUVEL (Yvonne-Anne), et ses trois enfants, YVONNE-ANNE-AUGUSTINE, CONSTANT-THÉOPHILE, et JEAN-BAPTISTE-CHARLES. O. du 28 juillet 1820.

LAFON-PUCHOT (Pierre), négociant, né à Nontron en 1822. D. du 29 juillet 1858.

LAFONT *de la VERNEDE* (Nicolas), né à Paris en 1774. O. du 3 juin 1820.

LAFONTAINE (François-Gustave), né à la Pointe-à-Pitre en 1821. D. du 22 octobre 1849.

LAGUERRE, au lieu de BEAULIEU (Léon), clerc de notaire à Paris. D. du 2 août 1854.

LALAIN-*CHOMEL* (de), juge, né à Paris en 1812; et ses enfants. D. du 7 décembre 1858.

LALAU-*KERALY*, au lieu de DÉZAUTTÉ (Jacques-Jean-Baptiste), né à Quimperlé en 1772, juge de paix. O. du 14 septembre 1816.

LALLEMAD DE QUINCY *de CULLION* (Alexis-Louis-Philippe), capitaine du génie, né à Paris en 1791. O. du 31 juillet 1822.

LALLEMANT, au lieu de PIERRE (Léon), avoué, né à Hautvilliers en 1820. D. du 24 juin 1858.

LALLEMANT-*LIOCOURT* (de) (François-Henri). O. du 18 octobre 1815.

LAMARRE (Louis), colonel. O. du 20 janvier 1830.

LAMBERT, au lieu de CAIN (Emmanuel-Lambert), sous-préfet, né à Lyon en 1814. D. du 3 mars 1860.

LAMBERT-*DESCILLENS* (Jean-Baptiste-Joseph-Auguste), né à Versailles en 1789. O. du 11 décembre 1816.

LAMBERT-*FREERICHS*-POELMANN DE PAPENBOURG, autorisé à substituer *FREERICHS* à HERMS. (D. du 15 janvier 1813. (Bull., sér. 4, t. XVIII, p. 192.)

LAMY, au lieu de JUDAS (Augustin-Gaspard), de Paris. O. du 15 décembre 1846.

LAMY-*THEUVILLE* (Jean-Baptiste-Julien), capitaine, né à Paris en 1785. O. du 3 février 1818.

LANCASTEL-BETTING (Nicolas), sous-préfet de Saverne; JEAN-BAPTISTE-NICOLAS, son frère; NICOLAS-PIERRE-VICTOR, et ÉDOUARD-NÉPOMUCÈNE-ALEXANDRE, neveux. O. du 17 juillet 1816.

LANDRY *de SAINT-AUBIN* (Charles-Ferdinand-Maxime), commandant de bataillon, né en 1811. D. du 20 octobre 1852.

LANGLOIS (Joseph-Louis), imprimeur, né à Château-Gontier, né en 1797. O. du 16 juin 1819.

LANGLOIS *d'AMILLY* (Jean-Hyacinthe), négociant, né à Pontoise en 1770. O. du 11 octobre 1818.

LANGLOIS *de RUBERCY* (Abel-Marie-Gabriel), propriétaire, né à Caen en 1813; et ses enfants. D. du 14 janvier 1860.

LANGLUMÉ *des ANGLES* (Pierre-Nicolas-Claude), directeur de l'enregistrement, né à Sésanne en 1742. O. du 28 février 1821.

LANYER (Joseph), receveur des finances, né à Saint-Étienne en 1834. D. du 6 octobre 1860.

LAPIERRE au lieu de PIERRE Charles-Jacques-Auguste), négociant, né à Caen en 1820. D. du 7 décembre 1858.

LAPULTE, au lieu de LAPUTTE (Claude-François), avocat à Paris. O. du 4 septembre 1840.

LARDAS, au lieu de MOUCHARD (Blaise), officier, né à Toulouse, le 20 novembre 1792. O. du 5 avril 1827.

LARIVIÈRE, au lieu de COCHON (Louis-Charles), né à Magny-la-Campagne (Calvados). O. du 14 février 1845.

LARREGUY *de CIVRIEUX* (Sylvain), officier, né aux Arcs, an IV; et son fils, FRANCIS-ARTHUR, sous-préfet. D. du 23 avril 1859.

LARROCHE-*DURRIEU DE LAMOTHE* (Jean-Étienne-François-Louis), et JEAN-JOSEPH-AUGUSTE. O. du 24 août 1816.

LARROZE-*BAROUET* (Joseph), percepteur, né à Mezin en 1769. O. du 14 avril 1819.

LARUE-*DUBARRY* (Julien), né à Aixe (Haute-Vienne) en 1815. O. du 9 octobre 1845.

LASALLE-*SERBAT* (Louis), chimiste, né à Fanjeaux, le 17 frimaire an VI. D. du 12 novembre 1861.

LASSERRE-*BRISSON* (Martin-Philippe), négociant, né à Nay en 1806. D. du 17 mai 1854.

LATIL-*ROUGIER* (Jean-Alexandre-Jean-Baptiste), négociant, né à Marseille en 1805. O. du 18 juillet 1834.

LA TOUCHE (Prosper-Henri-Ernest). D. du 26 novembre 1849.

LAUDEN-*GUÉRIN* (Jean-Baptiste-Casimir-Germain-Jussey), et FRANÇOIS-ADOLPHE-CASIMIR, nés à Marseille en 1820 et 1823. O. du 9 octobre 1845. (Bull. 1847.)

LAUGIER-*PLEVILLE* (Claude-Luc), inspecteur des douanes. O. du 2 août 1814. (Bull., sér. 5, t. II, p. 88.)

LAUNAY-*SAINT-DENIS* (de) (Victorien-Michel), receveur particulier des finances. O. du 14 février 1815.

LAURFNS, au lieu de BOUZIN (Laurent), commis voyageur, de Paris. O. du 26 novembre 1839.

LAURENS, au lieu de BOUZIN (Antoine), négociant à Saramon; JEAN et JEAN-ALLEAUX-ÉMILE. D. du 14 juin 1852.

LAURENT-*DÉSESSARDS* (Jean-Baptiste-Achille), magistrat, né à Argentan, le 27 décembre 1815. D. du 22 janvier 1862.

LAURENT-*ATTHALIN* (Louis-Marie-Félix), conseiller d'État, né à Besançon en 1818. O. du 14 décembre 1843.

LAURENT-*CHIRLONCHON* (Joseph-Victor), officier, né à Saint-Dié, le 25 juillet 1813. D. du 24 août 1861.

LAURENT-*COCHELET* (Richard-Émile), vice-consul, né à Paris en 1823. D. du 5 juillet 1859.

LAURENT-*COCHELET* (Adrien-Clément), né à Jersey, le 11 octobre 1853; GEORGES-HENRI et JULES-ALFRED. D. du 24 août 1861.

LAURENT *de QUEILAR* (Auguste), verrier à Saint-Paul (Var). O. du 6 décembre 1836.

LAURENT-*DESGLISSIÈRES* (Jacques-Louis), né à Reuil, le 5 février 1797. O. du 11 janvier 1826.

LAURENT-*DESREZ* (Edme-Désiré), chef d'escadron, né à Larrez-le-Bocage (Seine-et-Marne) en 1771. O. du 23 juillet 1817.

LAURIAGON, au lieu de MIGNETTE (Jean), de Serres-Castel (Basses-Pyrénées). D. du 20 mai 1814. (Bull., sér. 5, t. Ier, p. 89.)

LAUZIÈRE *d'ARESTEL* (René-Jean-Claude) (le chevalier), capitaine de gendarmerie, né à Belmont (Ain) en 1783. O du 2 avril 1817.

LAVIALLE *de LAMEILLÈRE* (Martial-Jean-Claude), juge de paix, né à Chamboulive, le 3 fructidor an XI; et ses trois enfants. D. du 14 juillet 1862.

LAW DE LAURISTON *de BOUBERS* (Charles-François-Octave), ingénieur, né à Nantes en 1825. D. du 3 octobre 1856.

LEBARBIER, au lieu de COUILLARD (Victor-Émile), avocat, né à Fécamp en 1815. O. du 17 septembre 1844.

LEBEUF *de MONTGERMONT* (Adrien-Louis), maire, né à Paris en 1824. D. du 24 septembre 1859.

LEBEUF *de MONTGERMONT* (Alfred-Louis), né à Pringy, le 30 septembre 1841. D. du 30 mai 1863.

LE BLANC *de la CAUDRIE* (Marie-Joseph-Sérigny), propriétaire, né à Cosne, le 8 mai 1833. D. du 10 février 1864.

LEBLANC-*DUVERNOY* (François), vice-président de tribunal, né à Auxerre, an II. D. du 25 juin 1860.

LE BLOND *de MEYRACH* (Louis-Charles), né à Marseille en 1778. O. du 2 juin 1819.

LEBON-*DENONAC* (Théodore-Jean-Augustin), capitaine, né à Paris en 1798. O. du 26 février 1823.

LEBOUCQ-*CASTRO* (Amédée-Jean-Baptiste), né à Douai en 1790. O. du 3 juin 1820.

LE BOURCH-*LOPES* (Joseph-Louis-Marie), né à Lesneven (Finistère) en 1799. O. du 6 juin 1830.

LEBRETON (Jean-Baptiste-Eugène-Félix). O. du 2 février 1846.

LEBRETON *de COLIGNY* (Albert-Édouard). D. de 1859.

LEBRUN, au lieu de COQUIN (Pierre-Joseph), et NICOLAS. O. du 27 août 1828.

LEBRUN *de la HOUSSAYE* (André-Hippolyte), juge de paix, né à Arras en 1793. D. du 23 mars 1860.

LE BRUN *de SESSERALLE* (Charles-Eugène), conseiller à la cour des comptes, né à Paris en 1812; et son frère, LOUIS-ANATOLE, propriétaire, né en 1821. D. du 14 novembre 1858.

LE CESNE-*GUILLOT* (Julien-François), négociant, né à Maneville, le 8 mai 1786. O. du 18 janvier 1826.

LECHANTEUR-*PONTAUMONT* (Émile-Louis-Joseph), né à Anvers en 1807. O. du 3 septembre 1831.

LÉCHAT *de SAINT-HÉNIS* (Amédée-Joseph). O. du 23 juillet 1844.

LECHÊNE, au lieu de LECHIEN (François-Étienne-Louis), écrivain de marine, né à Gouesnière en 1828; et AUGUSTIN-THÉODORE-JEAN, né en 1831. D. du 31 mars 1858.

LECHEVALIER-*LEJUMEL* (Gentien), né à Honfleur en 1756. O. du 29 août 1821.

LECHEVALLIER-*LEJUMEL DE BARNEVILLE* (Paul-Hippolyte-Joseph), né au Havre, le 23 avril 1841; GEORGES-JOSEPH, né en 1842, et ALBERT-LOUIS-JOSEPH, né en 1847. D. du 9 avril 1862.

LECHEVALLIER-*MANNEVILLE* (Pierre), professeur, né à Saint-Lô en 1765. O. du 10 septembre 1823.

LE CLEC *de JUIGNÉ* DE LASSIGNY (Louis-Joseph-Toussaint) (le comte), né à Draguignan en 1778. O. du 15 septembre 1819.

LE CLERC *d'OSMONVILLE* (Jules-Olivier), député, né à Laval en 1797; et son fils, ÉDOUARD. D. du 17 juillet 1857.

LECLERC-*PULLIGNY* (Augustin-Victor), propriétaire, né à Paris en 1818; et FÉLIX-AUGUSTIN, né en 1821. D. du 25 juin 1860.

LECOQ, au lieu de COQ. O. du 27 mai 1831.

LECOCQ, au lieu de COCU (Auguste), né à Ems en 1807. O. du 30 juin 1835.

LECOMPTE, au lieu de RAT (Louis), né à Availles en 1825. D. du 5 février 1850.

LEDEMOURS DE KERNILLIEN-*d'IVORY* (François-Jean-Baptiste-Constance-Cécile), propriétaire, né à Plouisy en 1777. O. du 9 janvier 1822.

LE DESCHAULT *de MONREDON* (François-Adrien), docteur en droit, né à Chaumont en 1830. D. du 31 décembre 1856.

LEDESVÉ *d'HEUDIÈRES* (Louis-Richard), propriétaire, né au Mesnil-Rury, le 25 frimaire an VII. D. du 5 décembre 1861.

LE FAUCHEUX - *DESAUNAIS* (Jean-Baptiste-Antoine), ancien préfet. D. du 15 mai 1815.

LEFEBVRE *de BÉCOURT* (Charles), diplomate, né à Abbeville en 1811. D. du 12 décembre 1860.

LEFEBVRE-DELATTRE *d'HAILLY* (Ferdinand-Séraphin) propriétaire, né à Lille, le 8 juillet 1809; et ses deux fils, RAOUL-MARTIN et GASTON-FERNAND. D. du 6 février 1861.

LEFEBVRE *de NAILLY*, au lieu de SAINT-MORÉ (de) (Marie-Albert), maire, né à Vermenton en 1775. O. du 23 décembre 1844.

LEFEBVRE-*PIGNEAUX DE BÉHAINE* (Alphonse-Édouard), rédacteur au ministère des affaires étrangères, né à Paris en 1829. D. du 24 mars 1858.

LEFÈBVRE *de RUMFORT* (Charles-François-Robert), chef d'escadron, né à Passy-lès-Paris en 1813. D. du 28 janvier 1854.

LEFÈVRE-*PONTALIS* (Germain-Antonin), auditeur au conseil d'État, né à Paris en 1830; JULES-AMÉDÉE, avocat, né en 1833. D. du 31 mars 1860.

LEFRANÇOIS-*DELALANDE* (Michel-Jean-Jérôme), membre de l'Institut; et ses deux fils, ISAAC et CHARLES-AUGUSTE-FRÉDÉRIC-JÉRÔME. O. du 16 novembre 1835.

LEGAY *d'ARCY* (Alphonse-Henri-Léon) (Ardennes). O. du 6 décembre 1836.

LÉGER *de BRESSE* (Jean-Louis), capitaine de gendarmerie, né au Havre en 1769. O. du 26 mars 1817.

LEGRAND-*FOURNIER* (Auguste-Pierre-Marie), officier, né à Goueznon (Finistère) en 1816. O. du 30 août 1842.

LEGRAND *de VILLERS*, receveur général des finances, né à Paris en 1816. D. du 25 avril 1860.

LEGROT, au lieu de GROLET (Claude-Henri-Jean-François), capitaine, né à Saint-Pal (Haute-Loire) en 1778. O. du 18 juillet 1834.

LELOUP *de SANCY* (Louis-Félix-Joseph), magistrat, né à Paris, an V. D. du 19 mars 1859.

LEMACHE *de SAINT-JULIEN* (Jean-Gilles-Aimé), né à Émieville, le 10 juillet 1785. O. du 17 mai 1826.

LEMAIRE, au lieu de LOUVEL (Jean-Louis-Félix), né à Vanlay, le 11 mai 1786; et ses fils. O. du 1er août 1827.

LEMAIRE *de BEAUMARCHAIS* (André-César-Jean-Alexandre), né à Liége, le 18 avril 1804. D. du 26 juin 1861.

LEMAIRE de MIRVILLE, au lieu de MAIRE (Augustin-Frédéric), lieutenant de gendarmerie, né à Bolbec en 1778. O. du 15 juillet 1820

LE MARCHAND *de la FAVERIE* (Adolphe-Auguste), né à Vassy, an II, ancien préfet. D. du 23 avril 1859.

LE MÉLOREL *de la HAICHOIS* (Joseph-Honorat-André), député, né à Rennes en 1807; ARMAND-LOUIS-CHARLES, capitaine de frégate, né en 1809; et CHARLES-JEAN, avocat, né en 1812. D. du 3 octobre 1859.

LEMERCIER, au lieu d'ANGOT (François-Alphonse), né à Caen, le 22 février 1799. O. du 25 juillet 1827.

LEMERCIER, au lieu d'ANGOT (Isidore-François), né à Caen en 1798. O. du 8 septembre 1824.

LEMERCIER-*MOUSSAUX* (Joseph-Thérèse-Christophe), capitaine, né à Rennes en 1808. O. du 30 juin 1842.

LEMESRE *de PAS* (Charles-Joseph-Alfred), propriétaire, né à Wambrechies, le 24 septembre 1827. D. du 20 août 1864.

LE MORDAN *de LANGOURIAN*

(Émile-Joseph-Marie), capitaine. D. du 23 avril 1853.

LEMOUST, dit DUCLOS *de VARANVAL* (Jean-Alfred), propriétaire, né à Paris en 1822. D. du 16 avril 1859.

LENEPVEU-*BOUSSAROQUE DE LAFONT* (Charles-Frédéric), propriétaire à Paris, né à Angers en 1814; et ses enfants. D. du 7 décembre 1850.

LÉON, au lieu de LÉVY (Léon). O. du 23 février 1844.

LÉONARD-*MAGE*, demeurant à Limoges, et ses quatre fils. D. du 2 décembre 1852.

LÉONCE-*DESPRES*. O. du 8 novembre 1838.

LE PAYEN - *FLACOURT* (Louis-Charles-Julien), officier d'artillerie, né à Metz en 1776. O. du juillet 1820.

LEPEL-*COINTET* (Aimé-Honoré), agent de change, né à Paris, an V. O. du 31 juillet 1839.

LE PELLETIER *de SAINT-RÉMY* (Marie-Pierre-Romuald), né à la Martinique en 1809. D. du 31 décembre 1859.

LE POITTEVIN DE LA CROIX-*VAUBOIS* (Casimir-Charles), juge, né à Calais en 1795. O. du 12 août 1829.

LERAMBERT - *POTIN* (François-Isidore), né à Vanvres en 1813. O. du 25 avril 1821.

LERESTIF *des TERTRES* (Henri-Charles-Mathurin), notaire, né à Lamballe, le 26 août 1826; et Jean-Baptiste-François-Guillaume. D. du 23 novembre 1862.

LEROUX, au lieu de ROUX (Antoine), officier à Brochon (Côte-d'Or). O. du 3 juillet 1838.

LEROY-*DUPRÉ* (Jean-Nicolas), né à Montdidier, domicilié à Amiens. D. du 8 février 1814. (Bull., sér. 4, t. XX, p. 81.)

LEROY - *DUVERGER* (Philippe-Alexandre-Marie-Antoine) (le baron), lieutenant-colonel, né à la Flèche en 1784. O. du 12 mars 1829.

LE ROY *de SAINT-ARNAUD* (Arnaud-Jacques), capitaine de voltigeurs, né à Paris, an VI. O. du 12 mai 1840.

LESCHASSIER DE MÉRY *de MONTFERRAND* (Emmanuel-Jacques). O. du 7 octobre 1841.

LESCUYER *d'ATTAINVILLE* (Jules-Ernest), député, né à Beauvais en 1809. D. du 11 décembre 1858.

LESCUYER - *DELAPLACE* (Edmond), né à Rouen, an XIII. O. du 31 août 1847.

LESTRADE-*REMOND-DUDOGNON* (Armand-Agathe-Joseph), né à Bordeaux en 1815. O. du 17 juin 1820.

LESTRE-*DUSSAUSSOIS* (Louis), juge, né à Sémur, le 21 mai 1787. O. du 14 octobre 1827.

LESUEUR, au lieu de MERDA (Pierre-Louis-Nivôse), né à Jussy (Aisne) en 1795. O. du 3 février 1818.

LÉTARD-*LA BOURALIÈRE* (Pierre-Jacques), conseiller à la cour de Poitiers. O. du 28 février 1815.

*LE*TELLIER (Jules), chef d'escadron, né à Montbazon en 1777. O. du 15 août 1821.

LETELLIER-*BLANCHARD* (Armand-Louis-Marie), lieutenant de gendarmerie, né à Mortain en 1852. O. du 4 septembre 1816.

LETELLIER - *VALAZÉ* (Charles-Romain), lieutenant d'état-major. O. du 2 mars 1839.

LETERTRE-*VALLIER* (Louis-Augustin), né à Nogent-le-Rotrou en 1788. O. du 5 novembre 1816.

LEVASSOR *d'ORMOY* (Marie-Anne-Adélaïde), née à Chartres en 1774. O. du 12 juin 1822.

LÉVÊQUE *de la BASSEMOUTURIE* (Louis-Charlemagne-Joseph), officier de gendarmerie, né à Sin (Nord) en 1784. O. du 2 mai 1821.

LEVESQUE *de BLIVES* (Pierre-Édouard), propriétaire à Savinières, né en 1813; et son fils, François-Édouard. D. du 8 février 1854.

LEVESQUE-*HÉRAULT* (Sénateur-Théophile), propriétaire. D. du 29 octobre 1862.

LEVIÉ - *RAMOLINO* (Antoine-André-Napoléon), propriétaire à Ajaccio. O. du 23 avril 1837.

LEVVEL, au lieu d'ABRAHAM, quatre frères nés à Nancy. O. du 31 août 1828.

LEVY-*ALVARÈS* (David), professeur, né à Bordeaux, le 14 vendémiaire an III; Théodore-Salomon, né à Paris en 1821; et EUGÈNE-ABRAHAM, né en 1825. D. du 22 janvier 1862.

LEVYLIER, au lieu de LÉVY (Simon-Lambert-Joseph), et SALOMON. O. du 15 juin 1832.

LHOMME DE LA PINSONNIÈRE-*FREULLEVILLE* (Marie-Louis-Alphonse), brigadier, né à Civray en 1794. O. du 3 mars 1820.

LIBMAN, au lieu d'ARON (Jacques-Lipmann), négociant à Paris, né à Phalsbourg, le 9 juin 1827. D. du 22 janvier 1864.

LIÈGE *de PUYCHAUMEIX* (du) (Marie-Joseph-Eugène), négociant, né à Pontarion, le 10 mars 1830. D. du 24 août 1861.

LIFFORT *de BUFFEVENT* (Marie-Charles-Théophile-Ernest), magistrat, né à Nancy, le 12 octobre 1820. D. du 30 octobre 1861.

LIGIER-*JUILLET DU BOIS DE SAINT* (Pierre-Joseph-Gabriel-Onésime), propriétaire, né à Dijon, le 2 mars 1818. D. du 4 novembre 1863.

LINANT-*BELLEFONDS* (Antoine-Marie), lieutenant de vaisseau, demeurant à Lorient. O. du 21 août 1816.

LION-*REVANGER* (Édouard), né à Paris en 1814. O. du 31 mars 1843.

LIOTTEL, au lieu de LION (Lazare), négociant à Metz. O. du 10 mai 1839.

LITTAIS (Michel), né à Saint-Pierre (Martinique) en 1774. O. du 17 février 1832.

LOMBARDON (Marie-Constance-Céleste). O. du 27 septembre 1819.

LORGERIE-*GUETRY* (Louis-Vincent), militaire, né à Paris, en 1783. O. du 11 avril 1821.

LORIOT-*ROUVRAY* (Pierre-Antoine), officier, né à Luzarches en 1772; et ses enfants, PIERRE-ANTOINE, LOUIS-ALEXANDRE-MARIE-ADOLPHE, et FERDINAND-FÉLIX. O. du 18 septembre 1816.

LORLESSE (Pierre), cultivateur au Gros-Morne (Martinique), et ses cinq enfants mineurs. D. du 17 avril 1861.

LOUIS-*BRESSON*, capitaine au long cours, né à la Martinique en 1829. D. du 9 décembre 1857.

LOUIS-*DARIDAN*, né à Provins, le 17 septembre 1831. D. du 25 mai 1861.

LOUIS-*GUÉRIN* (Charles), né à Paris, le 19 mars 1840. D. du 23 novembre 1862.

LOUIS-*OUDARD* (Auguste-Léon), confiseur, né à Paris en 1815. O. du 20 août 1847.

LOUIS *de VILLIERS* (Claude-Germain-Louis) (vicomte), lieutenant général, né à Neuilly en 1770. O. du 24 décembre 1823.

LOUVET de PATY DU RAYET (Marie), née à Bordeaux en 1770; ALPHONSE-ADRIEN-ROBERT, juge, né à Paris en 1799; et ROBERT-FORTUNÉ-CATHERINE, né à Bordeaux en 1804. O. du 1er décembre 1825.

LOUVICOU *de PAUL* (de) Marie-Paul-Cyprien), capitaine, né à Grenoble en 1796. O. du 18 avril 1845.

LOWASY *de LOYS DE LOINVILLE* (Félix-Théophile), préfet, né à Saint-Quentin en 1806. D. du 18 avril 1860.

LUCAS *de la POMMERAYE* (Alexis), receveur de douanes, né à Vannes, le 5 nivôse an XI. D. du 21 mars 1861.

LUCCANI-*GIULIANI* (Joseph-Louis), propriétaire, né à Muro (Corse) en 1820. O. du 3 octobre 1843.

LUCE, au lieu de COCU (François-Ildefonse), maire de Courchelettes-lès-Douai (Nord). O. du 24 juillet 1816.

LUCE *de TRÉMONT* (Jules), propriétaire, né à Tours, le 25 brumaire an VI; et ses fils. D. du 14 juin 1864.

LUEZ, au lieu de BRAULY (Antoine-Philippe), avocat, né à Perpignan en 1789; et JEAN-JACQUES-LOUIS, né à Cherbourg en 1791. O. du 19 mars 1817.

LUPEL, au lieu de LOUVEL (Marie-Alexandre-Édouard) (le comte), né à Warvilliers en 1786; MARIE-GABRIELLE-EUGÉNIE, née au même lieu en 1784; MARIE-ANTOINETTE-AMÉLIE, née au même lieu en 1788. O. du 13 septembre 1820.

LUVILLE, au lieu de LÉVY (Joseph), négociant, né à Vic en 1820. D. du 27 octobre 1858.

LUZY PIERRE-*LARUÉE*, négociant à Saint-Pierre (Martinique). O. du 31 août 1837.

M

M*ABILLE*, au lieu de BELLAN (Héloïse-Charlotte-Joséphine), née à Paris en 1823. O. du 7 décembre 1829.

MABON DE BEAULIEU *de BRIQUEVILLE* (Léon-Charles), lieutenant de vaisseau, né à Paris en 1822. D. du 9 juin 1860.

MACAIRE-*MOULTOT* (Léon-Marie-Joseph), né à Bruxelles en 1829. D. du 7 janvier 1851.

MACORS *de GAUCOURT* (Alexandre-Adélaïde-Camille), né à Vernon en 1821. O. du 17 février 1843.

MADEY *d'ESCOUBLAUT* (Charles-Gustave), maire, né au Havre en 1792. O. du 1er septembre 1819.

MAGAUD-*DAUBUSSON* (Dominique-Marie), juge, né à Clermont-Ferrand en 1798; et ANTOINE-FRANÇOIS, lieutenant de vaisseau, né à Saint-Sandoux en 1801. O. du 23 juin 1836.

MAGLIONE-*MARTIN* (François-Joseph-Alphonse), né à Marseille en 1826. D. du 14 décembre 1850.

MAGNIER *de MAISONNEUVE* (Marie-Antoine), directeur des douanes, né à Belfort en 1762; et ses neuf enfants. O. du 4 octobre 1820.

MAGOL, au lieu de MAGOT (Charles-Nicolas). O. du 10 février 1842.

MAGOT-*MAREVILLE* (Nicolas-Gabriel), receveur des finances aux Andelys. O. du 7 avril 1830.

MAILLIET-DEVAUX (Urbain), maréchal de camp. D. du 15 mai 1815.

MAISONNEUVE (de), au lieu de LOUVEL (François-Armand), né à Rennes en 1779. O. du 30 août 1820.

MALESTROIT DE BRUC DE MONTPLAISIR *(de)* (Charles-Frédéric-René-Guelnoch), sous-lieutenant, né à Kerfeuntun, le 29 décembre 1830. D. du 20 février 1861.

MALLET, au lieu de LETAILLEUR Gustave-Théodore). O. du 21 mars 1844.

MALLET, au lieu de MERLAND (Alphonse), capitaine, né à Paris en 1823; et JULES, né à Corbeil en 1826. D. du 19 mai 1858.

MALLET-CHALMASSY (Guillaume) (le baron), régent de la Banque de France. O. du 10 janvier 1815.

MALTEAU (Jean-Victor). O. du 4 septembre 1841.

MANIQUET-*VAUBERET* (Antoine). O. du 5 mai 1830.

MANOURY *d'IRVILLE* (Achille-Ambroise), propriétaire, né à Paris, le 8 janvier 1811. D. du 14 juillet 1862.

MARCEL, au lieu de MARSOIN Jean-François), né à Trégomeur en 1778. O. du 6 décembre 1820.

MARCHAL-*CHAMPIEL* (Joseph-François), garde du corps, né à Saint-Mihiel. O. du 14 août 1816.

MARCHAL *de CORNY* (Aimé-François), propriétaire, né à Verdun, an IV; et son fils, GERMAIN-FRANÇOIS. D. du 19 mars 1859.

MARCHAND *du BREUIL* (Alexandre-Noël), imprimeur, né à Paris, an VI. D. du 1er décembre 1860.

MARCHANT *LA RIBELLERIE* (Augustin-Albert) maître des requêtes, né à Mettrai en 1800. O. du 2 septembre 1818.

MARCHIS-*GRANGE-GREMIFONTAINE* (Charles-Christophe), né à Blamont (Meuthe) en 1792. O. du 21 janvier 1818.

MARK, au lieu de MORGUE (Léon-Joseph), né à Avesnes en 1836. D. du 21 juin 1858.

MARCQ-*SAINT-HILAIRE* (Adolphe-Laurent-Anatole), enseigne de vaisseau, né à Crécy-sur-Serre en 1832; ANNE-VINCENTE-MARIA et MARIE-ÉMELINE. D. du 20 décembre 1854.

MARESCHAL DE LONGUEVILLE *de la RODDE* (Marie-Louis-Paul), propriétaire, né à Besançon en 1834. D. du 16 avril 1859.

MAREY-*MONGE* (Guillaume-Stanislas), colonel, né à Nuits, an IV; FERDINAND, né an X; LOUIS-EDMOND, né en 1807; NICOLAS-PIERRE-ALFRED, né en 1814; et GUILLAUME-FÉLIX, né à Pommard en 1818. O. du 10 décembre 1840.

MARGOUET *de VILLA* (de) (Bonaventure-Alexandre-César), né à Paris

en 1790. O. du 29 novembre 1820.
MARGUIER d'AUBONNE-*LE CHARRON* (Abel-Louis), lieutenant, né à Dôle en 1831. D. du 17 juillet 1837.
MARIE-*DEMINFANT* (Victor-François), né à Louvières (Calvados) en 1799. O. du 17 avril 1843.
MARIE-*LEGRAS* (Nicolas), de Brest. O. du 18 décembre 1839.
MARIE-LUCE-*JUMOIS* (Henri-Louis), cultivateur, né à Saint-Pierre, le 24 juillet 1807. D. de 1861.
MARIE-*MARTIN* (Louis-François-Eugène), demeurant à Marseille. D. du 28 août 1848.
MARIGUES *de CHAMPREPUS* (Eugène-Gabriel), né à Fismes en 1828. D. du 14 novembre 1858.
MARION *de LA BRILLANTAIS* (Louis-Marie), armateur, né à Saint-Malo en 1743. O. du 28 juillet 1820.
MARIOTTE-*CHARLEVOIX* (Odar-Louis-Cosmor), juge d'instruction, né à Châtillon-sur-Seine. O. du 28 février 1815.
MARLY *de BERNAGE* (Victor), sous-inspecteur des forêts, né à Metz, le 8 mars 1816, st ses deux enfants mineurs. D. du 23 juillet 1861.
MARQUET *de VASSELOT* (Louis-Augustin-Aimé, né à Tours, le 10 septembre 1781; HYACINTHE-ALPHONSE, né en l'an XIII; LOUIS-MARIE-LÉON, né en 1836; et JEAN-JOSEPH-MARIE-ANATOLE, né en 1840. D. du 26 février 1862.
MARTEL, au lieu de LOUVEL (Camille-Philippe), né à Palluel en 1749. O. du 18 octobre 1820.
MARTEL, au lieu de COQUIN (Furcy-Joseph), médecin à Péronne. D. du 26 novembre 1849.
MARTHA-*BEKER* (Félix-Victor), ingénieur des mines. O. du 26 décembre 1837.
MARTIN *d'ANDRÉ* (Claude-Étienne), censeur de la Banque de France, né à Marseille en 1748. O. du 18 février 1818.
MARTIN-*BEURNONVILLE* (Etienne), colonel. O. du 24 janvier 1815.
MARTIN *de COUCY* (Louis-Valentin), capitaine de gendarmerie, né à Arcis-sur-Aube en 1777. O. du 23 mai 1821.
MARTIN-*JOUBERT* (Jacques-Joseph-Pierre-Paul-Gaspar), maire de Lambesc. O. du 27 avril 1825.
MARTIN *LE ROY* (Jean-Victor), juge de paix, né à Nantes, le 17 janvier 1807. D. du 29 octobre 1862.
MARTIN-*VAINDEYS* (François-Alexandre), né à Paris, 24 ans. O. du 5 novembre 1816.
MARTINEAU *de JÉMONVILLE* (Léandre-Ambroise), lieutenant de louveterie, né à Longèves en 1798. D. du 22 janvier 1859.
MASEIN-*BOURGUIGNON* (Thomas-Prosper-Émile), né à Strasbourg en 1800. O. du 25 août 1835.
MASSIF *des CARREAUX* (Michel-Thomas), propriétaire, né à Fécamp en 1820. D. du 24 mai 1859.
MAS-*LATRIE* (Jean-François), né à Castelnaudary en 1782. O. du 30 décembre 1829.
MASSOL-*ANDRÉ* (François-Lazare-Pierre-André), et FRANÇOIS-GUSTAVE-POLIXÈNE, négociant et avocat à Marseille. O. du 27 décembre 1814. (Bull., sér. 5, t. III, p. 16.)
MASSON *de MONTALIVET* (Antoine-Achille), propriétaire, né à Nancy en 1815; et ses trois enfants. D. du 5 janvier 1859.
MASSOT (Pierre-Marie), né à Marseille en 1796. O. du 1er septembre 1819.
MATHIEU-*DEVIENNE* (Jean-Baptiste), né à Sainte-Menehould (Marne), juge. O. du 28 février 1815.
MATHIEU *de la REDORTE* (David-Maurice-Joseph) (le comte), né à Saint-Affrique en 1768. O. du 9 avril 1817.
MATHIS-*GRANDSEILLE* (Nicolas-Louis), avocat, né à Dieuze en 1755. O. du 1er novembre 1816.
MAUGIS-*RAMEL* (Marie-Auguste), négociant, né à Toulouse en 1796. O. du 24 août 1836.
MAURI-*PLEVILLE* (Jean-Marie-Délos-Dolorès-Raphaël-Joseph). O. du 2 août 1814. (Bull., sér. 5, t. II, p. 88).
MAURICE-*DUPLESSIS* (Jean), propriétaire, né à Tours, an XII; et son fils, LOUIS-GUSTAVE. D. du 10 novembre 1860.
MAUSSABRE-*BEUFVIER* (de) (Adalbert), demeurant à Soulièvre (Deux-Sèvres). O. du 13 février 1846.

MAUTHEVILLE DU BOUCHET, au lieu de LANGLOIS (Denis-Jean-Florimond) (le marquis), né à Clermont-Ferrand en 1752. O. du 3 juin 1820.

MAYER, au lieu de HESSE (Bonhomme-Samuel), né à Sarrelouis en 1797. O. du 3 juin 1829.

MAZZITELLI, au lieu de LADOUBET (Narcisse-Joseph), propriétaire, né à Marseille en 1822. O. du 17 janvier 1846.

MÉANDRE *de SUGNY* (Annet-Jérôme-Camille), du conseil général de la Loire, né à Roanne, le 21 thermidor an III; et ANNE-LOUIS, maire de Nervieux, né à Lyon, le 8 août 1833. D. du 15 mars 1862.

MÉDA, au lieu de MERDA (Pierre-Hippolyte), né à Paris en 1796. O. du 2 juin 1819.

MÉGARD-*LE PAYS DE BOURJOLLY* (Jean-Marie-Ernest), né à Colmar en 1831. D. du 14 février 1855.

MEIFRED-*DEVALS* (Hippolyte-Léon-Émile), né à Paris en 1828. D. du 30 mai 1860.

MEILHEURAT-*MAYAT* (Louis-Antoine), né à Moulins, le 9 mai 1857. D. du 2 novembre 1864.

VELQUÉ-LACOMBE (Charles-François-Henri), officier, né à Toul. O. du 11 juin 1817.

MENDAIGNE-*DUHORT* (Pierre), né à Argelès en 1791. O. du 4 novembre 1818.

MENGIN-*LECREULX* (François-Joseph-Marie-Gabriel), général, né à Nancy, le 22 ventôse an IV. D. du 1er mai 1861.

MENNESSIER *de la LANCE* (Gabriel-René), sous-lieutenant, né à Metz en 1835. D. du 12 août 1857.

MENNESSIER-*NODIER* (Ferdinand-Jules), né à Nancy en 1802. O. du 11 septembre 1844.

MENU-*ROCHEFOND* (Jean-Baptiste), officier, et CLAUDE-AUGUSTIN, inspecteur de l'enregistrement. O. du 31 janvier 1815.

MÉRAT-*SAINT-LÉON* (Claude-Louis-Jean-Baptiste), officier, né à Paris, le 24 août 1781. O. du 19 juin 1828.

MERCIER-*DARC* (Louis-Félix-Alexis), officier, né le 8 août 1811. D. du 29 octobre 1853.

MERCIER *de LOSTENDE* (Édouard-Henri), ministre plénipotentiaire, né à Baltimore en 1816. D. du 11 juillet 1860.

MERCIER DU PATY *de CLAM* (Antoine-Amédée), colonel, né à Paris, le 18 février 1813. D. du 2 septembre 1862.

MERIDA, au lieu de MERDA (Edmond-André-Auguste), prêtre, né à Leschelle, le 20 novembre 1834. D. du 17 avril 1861.

MERIER, au lieu de MERDIER (Louis-Charles), médecin à Paris, né à Thionville en 1808. O. du 12 janvier 1844.

METZ-*NOBLAT* (de) (Alexandre-Jules), magistrat, né à Nancy, le 25 janvier 1789. O. du 30 juillet 1828.

MEURDEFIN, au lieu de MEURDEFAIM (Jean-Claude). O. du 4 mars 1830.

MÉVIL, au lieu de MARDOCHÉE (Élie), négociant à Paris, né à Brodi (Pologne), le 10 octobre 1754; et ses enfants, AUGUSTE, GUSTAVE, EUGÈNE et HENRI. O. du 18 octobre 1814 (Bull., sér. 5, t. II, p. 317.)

MEYNADIER-*LAYRE* (Florent-Auguste), de Barre (Lozère). O. du 4 décembre 1837.

MEYNARD *de FRANC* (Louis-Charles-Marie-Justinien), né à Chartres, le 4 février 1779. O. du 5 juin 1828.

MICHAUD, au lieu de CITRON (Alexandre-Alphonse), substitut, né à Paris en 1792. O. du septembre 1817.

MICHEL, au lieu de COCHON (Michel-Rose), secrétaire de la mairie de Mayenne, où il est né en 1819. D. du 23 mars 1864.

MICHEL-*SAINT-ALBIN* (Joseph-Louis-Albin), receveur général, né à Lyon en 1784. O. du 3 décembre 1817.

MICHEL *de TRÉLAIGNE* (Jean-Baptiste) (le baron), né à Montluçon, le 20 octobre 1780; et JEAN-BAPTISTE-FRANÇOIS-LÉON, né à Paris, le 3 mars 1819; ÉLISE-MARIE, née en 1847; MARIE-ISABELLE, née en 1849; JEAN-BAPTISTE-ALEXANDRE-MARIE LÉON, né en 1856; tous à Paris. D. du 2 février 1861.

MIGNERET-*RICHARD DE CENDRECOURT* (François-Albert), et FRANÇOIS-STANISLAS-ÉLÉOSIPPE, officiers, nés à Langres en 1838 et 1840. D. du 27 août 1864.

MIGNOT-*VEYRIER* (Édouard-Sixte-Pierre-Antoine), né à Bordeaux, le 12 juillet 1796. O. du 31 août 1828.

MILLET (Joseph), né à la Martinique en 1782. O. du 28 février 1831.

MILLOT *de BOULMAY* (Étienne-Louis), né à la Nouvelle-Orléans en 1790. O. du 11 janvier 1829.

MILON-*DEVILLIERS* (Alexandre-Louis-Joseph), sous-préfet, né à Paris en 1778. O. du 19 mars 1817.

MIRON *de l'ESPINAY* (Charles-Gonzalve-Jean-Baptiste), magistrat, né à Orléans, le 28 juillet 1813. D. du 8 mai 1861.

MISTRAL (Bernard-Auguste-André). O. du 5 février 1841.

MITTRE-*GAUTIER* (Jacques-Dominique), né au Muy (Var). O. du 27 mars 1816.

MOET-*ROMONT* (Jean-Rémy), négociant, né à Épernay en 1758. O. 13 décembre 1821.

MOLARD-*DUMOLARD* (Arthur)), lieutenant. O. du 4 mars 1830.

MOLK, au lieu de SENGENWALD (Jean-Conrad) né à Krauweiler, le 20 mars 1804. O. du 7 mai 1826.

MOLON, au lieu de TANNEPEAU (Chéri), marchand, né à la Guadeloupe. D. du 11 août 1859.

MONASSOT-*CAMOU* (Théodore-Victor), officier d'ordonnance du général Camou, né à Oloron en 1824. D. du 19 avril 1856.

MONDÉSIR-*RICHARD* (Jean-François), négociant à Paris, né à Saint-Pierre (Martinique), en 1788. O. du 31 juillet 1816.

MONIER *de la SIZERANNE* (Jean-Charles-Georges), et Paul-Ange-Henri, nés à Tain en 1791 et 1797. O. du 31 août 1828.

MONIER-*VINARD* (Alphonse-Raymond), d'Orange. O. du 8 septembre 1846.

MONIN-*RADET* (Jacques-Eugène), lieutenant, né à Buncey, an XIII. D. du 14 décembre 1850.

MONNERVILLE, au lieu de JOSÉPHINE (Pierre), marchand, né au Carbet (Martinique) en 1831. D. du 23 mai 1863.

MONNOT-*ARBILLEUR* (Marie-Victor-Bruno), magistrat, et Charles-Joseph, son frère, inspecteur des forêts. O. du 9 mars 1826.

MONTAL *LE NOIR DE CHANTELOU* (Maria-Élisabeth), née à Paris en 1819. O. du 11 janvier 1829.

MONTARRAS-*BELLMER* (Eugène), négociant, né à Bordeaux, le 30 mars 1836. D. du 22 janvier 1862.

MONTEIL *de la COSTE* (Alexandre-Cyprien-Marie), magistrat, né à Issoire, le 22 juillet 1812. D. du 28 mai 1862.

MONTÈS, au lieu de CANTEGRIL (Pierre), né à Toulouse, le 4 juillet 1784. O. du 31 décembre 1828.

MONTLUC, au lieu de SUCRE (Paul-Auguste), né à Aix, an X. D. du 5 octobre 1850.

MONTMORIN-SAINT-HÉREM, au lieu de D'AURELLE-DESCORNAIX (Jean-Simon-Narcisse) (le vicomte). O. du 16 octobre 1816.

MONTPIERRET, au lieu de COCHON (Désiré-Joseph). O. du 20 juin 1844.

MONVALLE, au lieu de ROQUET (François-Paul-Amand), commissaire de police. O. du 19 mars 1840.

MORANGES, au lieu de COCU (Étienne), et Jean-Baptiste-François, nés à Clermont-Ferrand en 1825 et 1826. O. du 14 juillet 1847.

MORANGES, au lieu de COCU (Marie-Louise), née à Clermont-Ferrand en 1833; Michelle-Aline, née en 1836; Marie-Louise-Thérèse, née en 1847. D. du 20 mai 1853.

MOREAU-*CHASLON* (Aristide), né à Tours, le 12 frimaire an IX. D. du 26 février 1862.

MOREAU-*ROUX* (Paul), né à Paris en 1812. O. du 7 mai 1817.

MOREL, au lieu de NEUTS (Auguste-Frédéric), marin, né à Dunkerque en 1832. D. du 9 août 1854.

MOREL-*FATIO* (François-Etienne-Louis), banquier, né à Sexbres (canton de Vaud) en 1785. O. du 9 juin 1843.

MOREL-*ZOON* (Victor), négociant, né à Saint-Emilion en 1797. O. du 4 septembre 1841.

MORIN *de LOUVIGNE* (François), colonel, né à Aoust (Drôme) en 1768. O. du 2 septembre 1818.

MORIN-*PONS* (Louis), avocat, né à Paris en 1828, et Henri, banquier, né à Lyon en 1831. D. du 19 mai 1858.

MORLIÈRE (de la) (Edouard), au lieu de AUDOUARD DE LA MORLIÈRE (Joseph-Marie), capitaine d'état-major, né à Gardes (Vaucluse) en 1762. O. du 17 mars 1817.

MORNAY-*SOULT DE DALMATIE* (de) (Pierre), sous-lieutenant, né à Paris en 1837. D. du 30 octobre 1858.

MOTTE-*LANGON* (de la) (Etienne-Léon) (le baron), né à Montpellier en 1786. O. du 11 mars 1818.

MOTTE-*PIQUET* (de la), au lieu de LA MOTTE DE BROONS DE VAUVERT (Ange-François), lieutenant de vaisseau, né à Rennes en 1809. O. du 18 mars 1843.

MOU *de SIXTE* (Louis-Marie-Auguste-Isidore), receveur d'enregistrement, né à Michen (Yonne) en 1790. O. du 24 mars 1819.

MOUCHI-DEVY, au lieu de LÉVY (Moïse), négociant, né à Haute-Yeutz (Moselle) en 1789. O. du 19 mai 1840.

MOULIN-*DUMOUSSET* (Jean-François), capitaine d'état-major, né à Paris en 1784. O. du 22 octobre 1817.

MOURAIN *de SOURDEVAL*, au lieu de L'HERBAUDIÈRE (Marie-Jean-Corneille), né à l'île de Noirmoutiers en 1777. O. du 19 novembre 1817.

MOURET-*SAINT-DONAT* (Godefroy-Isidore), conseiller à la Cour d'Aix, né en 1809. D. du 24 septembre 1860.

MOURIER, au lieu de CHAMEAU (Pierre-Léon), propriétaire à Limoges. O. du 22 août 1839.

MUGUET *de VARANGE* (Pierre-Marie-Félix), receveur des finances, né à Tarare en 1793. D. du 3 mars 1860.

MULLER *de LOMBILLON-D'ABANCOURT* (Antoinette-Joséphine-Louise-Clotilde), née à Nancy. O. du 25 mars 1846.

MULLER-*SŒHNÉE* (Jean-Guillaume), né à Vissembourg en 1774. O. du 1er août 1821.

MULLOT *d'ORGEMONT* (Charles-Michel-Gaspard), né à Méru (Oise) en 1769. O. du 2 juillet 1817.

N

ABOS *de SAINT-MARTIN* (Joseph), propriétaire, né à Marciac, le 12 septembre 1839. D. du 18 juillet 1864.

NADAULD-*BUFFON* (Benjamin), ingénieur, né à Montbard en 1804. O. du 20 janvier 1835.

NATIVITÉ-*ELLIES* (de la) (Jean-Baptiste). O. du 18 octobre 1815.

NAU *de BEAUREGARD* (Emile-Marie), préfet, né à Lyon en 1823; et Abel-Ange-Denis, capitaine, né en 1824. D. du 11 août 1859.

NAU *de MAUPASSANT* (Léon), propriétaire, né à Saumur en 1810. D. du 28 décembre 1859.

NAVES (Edouard), de Cap-Breton (Landes). O. du 12 août 1845.

NAYLIES-*SAINT-ORENS* (Joseph-Jacques), légionnaire. O. du 10 janvier 1815. Révoq. par O. du 21 août 1816.

NÉRAT-*LESGUISÉ* (Louis-Charles-Henri), procureur du roi à Château-Thierry. O. du 6 septembre 1814.

NEUILLY *d'EBERSTEIN* (de) (Charles), juge de paix, né à Tours, le 30 vendémiaire an XII. D. du 29 juillet 1861.

NEVEU-*LEMAIRE* (Nicolas-Louis-Gustave), avocat général, né à Sainte-Menehould en 1813. D. du 18 février 1860.

NICOLAS-*BEAUPREY* (Alexandre), négociant, de la Martinique. D. du 29 octobre 1853.

NICOLAS-*LACOUR* (Pierre), né à Compiègne en 1781. O. du 21 octobre 1818.

NICOLAS-*PERNOLET* (Charles-Claude-Philibert). O. du 18 janvier 1843.

NICOLAS-*PLEVILLE* (Jean-Théodore), ancien directeur de la Caisse d'escompte. O. du 2 août 1814.

NICOLAS-*SIMONARD* (Michel-Barthélemy), professeur au collége de

Juilly. O. du 18 décembre 1839.

NICOLE-*DUPAIRÉ* (Louis), pharmacien, né à Bayeux en 1780. O. du 11 septembre 1822.

NICOLLAS-*PASTUREAU* (Jean-François-Antoine-Paulin), avocat, né à Melle en 1819. D. du 11 juillet 1860.

NOEL, au lieu de GOUJAT (Julie-Marie-Félicité), lingère, née à Montargis en 1830; et JOSÉPHINE, née en 1834. D. du 25 juin 1860.

NOGENT-*SAINT-LAURENS* (Pierre-Auguste), avocat à Orange. O. du 8 novembre 1814. (Bull., sér. 5, t. II, p. 470.)

NOIRVACHE-*DERVILLE* (Jacques-Guillaume), né à Paris en 1797. O. 20 septembre 1820.

NORDLING, au lieu de NORDLINGER (Wilhelm), ingénieur, né à Stuttgard en 1821. D. du 22 décembre 1858.

NOVEL-*ROTEMBOURG* (Louis-Claude-Albert-Henri), avocat à Paris. O. du 23 juillet 1844.

O

OGER *DU ROCHER* (Joseph-Marie), président de tribunal, né à Savenay an XI. D. du 25 juin 1860.

OLIVIER *de PEZET* (d'), (Albert-Joseph-Augustin), capitaine du génie, né à Carpentras en 1792; et D'OLIVIER *de PUYMANEL* (Pierre-Charles-Nicolas-Victor). O. du 21 octobre 1818.

ORDINAIRE-*LACOLONGE* (Louis-Joseph-Melchior-Vincent), né à Besançon en 1775. O. du 28 août 1816.

ORÉE, au lieu de SALES (François), de Chartres. D. du 24 décembre 1811. (Bull., sér. 4, t. XV, p. 569.)

ORÉE, au lieu de DESRUES (Jean-René), de Chartres. D. du 24 décembre 1811. (Bull., sér. 4, t. XV.)

ORÉE, au lieu de DESRUES (Madeleine-Victoire), de Chartres. D. du 24 décembre 1811. (Bull., sér. 4, t. XV, p. 569.)

OSCAR-*PARIZET* (Antoine), né à Paris en 1812. O. du 17 mai 1833.

OURADOU, au lieu de JOSEPH (Joseph), né à Montpellier. O. du 2 août 1814. (Bull., sér. 5, t. II, p. 87.)

P

PACOTTE *de FONTANÈS* (Léon), capitaine, né à Paris, le 2 janvier 1794. O. du 26 juillet 1826.

PAGE-*MAISONFORT* (Louis-Lazare-Romain), magistrat, né à Véraux an VII. D. du 31 décembre 1859.

PAILLIET-*WARCY* (Jean-Louis), capitaine, né à Bitry en 1774. O. du 19 mars 1823.

PAISSA-*GAZTLU* (Bertrand-François), né à Arras en 1804. O. du 21 juin 1829.

PAJOT DE JUVISY *de MONTFERRAND* (Charles-Louis-Armand). O. du 17 février 1843.

PALISOT *de WARLUZEL* (Louis-Auguste), officier, né à Paris, le 4 mars 1824. D. du 13 août 1864.

PALLARD-*DESPORTES* (Marc-Alphonse), capitaine du génie. O. du 18 janvier 1845.

PALUSTRE, au lieu de ROUSSEAU, né à Niort en 1797. O. du 28 novembre 1834.

PAPIN-*RUILLIER* (Louis), né à la Guadeloupe en 1810. O. du 8 octobre 1823.

PARISY (Joseph-Léon), négociant à Paris. O. du 29 septembre 1819.

PARNAJON, au lieu de COUILLARD (Félix-Achille), professeur, né à Fécamp en 1829; et FERDINAND-ERNEST, né à Vernon en 1834. D. du 12 août 1857.

PARTOUNEAUX, au lieu de PARTONNAUD (le comte), lieutenant général, né à Romilly-sur-Seine en-

1770. O. du 22 novembre 1833.

PASCAL DE ROCHEGUDE (*de*), au lieu de SAINT-JUERY (Marie-Emmanuel-Joseph-Xavier-Gabriel-Paul), capitaine d'état-major. O. du 10 mars 1819.

PASCAL-RODELOZE, au lieu de CANTÉGRIL (Jean), médecin, né à Toulouse, le 12 avril 1794. O. du 2 juillet 1828.

PASQUIER-*VAUVILLIERS* (Jean-Baptiste-Félix), né à Saint-Wast-la-Hougue en 1820. O. du 19 mai 1845.

PASSO-*LÉON* (Abraham-Alphonse), négociant, né à Saint-Esprit (Landes) en 1836. D. du 3 février 1858.

PATAS-*D'ILLIERS* (Léon-Hector), né à Orléans, le 13 avril 1780. O. du 28 décembre 1825.

PATHIER-*SILVABELLE* (Jean-François), des Basses-Pyrénées. O. du 2 octobre 1816.

PAUL *DUBOIS DE LA SAUSSAY* (Pierre-Jean-François), né à la Guadeloupe en 1804. O. du 13 novembre 1841.

PAUL-*DAUPHIN* (Édouard-Gabriel-Marie), avoué, né à Cotignac en 1819; et ses trois enfants. D. du 18 avril 1860.

PAUL *ROSTAN d'ANCEZUNE* (Jacques-Émile-Emmanuel), préfet, né à Cannes en 1803; et son fils, PIERRE-JEAN-BAPTISTE-ERNEST. D. du 27 octobre 1858.

PAULZE d'IVOY *de la POYPE* (Roland-Rodolphe-Gaston), préfet, né à Cologne, le 1er octobre 1812; et ANTOINE-JEAN-JACQUES-EUGÈNE, officier, né à Bourges en 1813. D. du 5 novembre 1864.

PAUZAT-*ZUNIGA* (Jean-Baptiste), négociant, né à Issor en 1770. O. du 3 novembre 1825.

PAVIN DE LA FORGE *de MONTÉLEGIER* (Jean-Auguste-Adolphe), né à Viviers en 1809. O. du 16 août 1843.

PAVIOT *du SORBIER* (Nicolas-Antoine), lieutenant-colonel, né à Vaucouleurs en 1776. O. du 1er septembre 1824.

PAYAN *d'AUGERY* (Jean-Jacques-Matthieu), né à la Ciotat, le 28 décembre 1793. O. du 31 août 1828.

PÉALARDY-*LANEUFVILLE* (Étienne). O. du 5 mai 1830.

PÉCHINÉE-DESPERRIÈRES-*STAL* (Benoît). O. du 10 janvier 1815.

PÉLAGIE-*ÉDOUARD-SALLE* (Charles), marchand, né à la Martinique en 1825. D. du 21 juillet 1855.

PELET-CLOSEAU, au lieu de PELÉ, lieutenant général. O. du 9 mars 1831.

PELEY *de la CHARMOIS* (Loup), propriétaire, né à Chartres, le 25 mars 1814; et ses trois enfants mineurs. D. du 29 juillet 1861.

PELLETIER, au lieu de LEVIF (Pierre-Édouard), né à Louviers en 1810. O. du 18 juillet 1834.

PELLISSIER *de MORIAC* (Marie-Joseph-Victor), capitaine, né à Orange, le 22 octobre 1796. O. du 21 février 1827.

PELLISSIER-*REYNAUD* (Henri-François-Jules-Edmond), officier. O. du 2 octobre 1816.

PÉRICAUD *de GRAVILLON*, propriétaire, né à Lyon, an IX. D. du 31 mai 1859.

PÉRICAUD *de GRAVILLON* (Hector-Joseph-Suzanne), capitaine d'état-major, né à Lyon en 1807. O. du 12 juin 1845.

PERIER *de SAINT-GERMAIN* (Pierre-Joseph), lieutenant de gendarmerie, né à Castelnau-de-Montratier en 1780. O. du 19 avril 1820.

PETIEX, au lieu de JUDAS (Louis-Joseph), négociant, né à Berny-Rivière en 1800. O. du 25 août 1835.

PÉRILLAULT *de CHAMBEAUDRIE* (Charles-Louis-Delphin), maire, né à Loches, an VII. D. du 14 avril 1860.

PERRAUD *de CAIRE* (Jean-Henri-René), propriétaire à Paris, né en 1832. D. du 24 mai 1854.

PERRET-*GEOFFRAY* (Jacques-Alexis), et JACQUES-ALEXIS-AUGUSTE, négociants, nés à Remoulins (Gard), an III et an XI. O. du 18 juin 1834.

PERREYMOND-*BELLON* (Joseph-François), négociant à Marseille. O. du 26 juin 1816.

PERRIER *de TRÉMEMONT* (Michel), conseiller à la cour des comptes, né à Chartres en 1766. O. du 12 juin 1824.

PERRIMOND-*GASTIN*. O. du 11 février 1818, rév. par O. du 24 décembre 1818.

PERROT *de BLANZY* (Jean-Baptiste-Louis-Roch), né à Clamecy en 1809. D. du 19 janvier 1850.
PERROT *de CHÉZELLES* (Bon-Joseph-François), président de chambre à la cour de Paris, né à Paris, an III; et CLAUDE, conseiller à la même cour, né an VI. D. du 18 avril 1860.
PERROTTE-*DEMAZIÈRE* (Jean-François), né à Gavray en 1758. O. du 11 mars 1818.
PERSINETTE-*GAUTREZ* (Victor-Eugène), écrivain de marine, né à Cayenne en 1828. D. du 26 mai 1856.
PETIT, au lieu de GALOPIN (François-Antoine), négociant, né à Sennecy-le-Grand en 1821. O. du 14 février 1845.
PETITJEAN, au lieu de BOUROZ (François), huissier, né à Rosay en 1797. O. du 1er juin 1836.
PETITJEAN - *DUPLESSY* (François-Xavier-Anatole), avocat, né à Fancogney en 1789. O. du 22 octobre 1823.
PETIT-*DEVAUCELLE* (Auguste), homme de lettres, né à Dieuville, le 29 août 1818. D. du 25 juin 1864.
PETIT-*LA FONTANELLE* (Simon-Claude), maire d'Aulnoi, né à Aulnoi en 1758. O. du 21 janvier 1818.
PETIT-*LAROCHE* (François-Marie-Jules), négociant, né à Paris, le 23 juillet 1833. D. du 28 novembre 1861.
PETIT-*LHÉRAULT* (Antoine-Auguste), capitaine, né à Beauvais en 1793. O. du 1er mai 1822.
PETITOT - *BELLAVENE* (Louis-François-Lucien), né à Vitry-le-François en 1824. D. du 6 février 1850.
PHELIPPE-*BEAULIEUX* (Louis), avocat, né à Nantes en 1792; EMMANUEL, avocat, né en 1829; et ARMANDE, née en 1835. D. du 14 juin 1859.
PHILIPE *d'ENNERY* (Adolphe), homme de lettres, né à Paris en 1811. D. du 1er octobre 1858.
PHILIPON *de la MADELAINE* (Jean-Marie-René), magistrat, né au Mans, le 14 février 1810; et ses quatre enfants mineurs. D. du 13 avril 1861.
PHILIPPE-*DARTENAY*, de Thumery, colonel, né à Soulancourt (Haute-Marne). O. du 14 février 1816.
PIAT, au lieu de PATISSIER (Alfred), clerc de notaire, né à Paris en 1826. D. du 6 mai 1855.
PICHOT-*BARATIER DE SAINT-AUBAN* (Laurent), né à Versailles en 1749. O. du 3 décembre 1817.
PICOT *d'ALIGNY*, au lieu de MORAS (Albert-Baptiste), né à Dôle en 1806. O. du 4 novembre 1818.
PIEDEVACHE *de la BOURDE LA BOURDELAIS* (Marie-Joseph-Anne), capitaine, né à Montfort-sur-Mer en 1790. O. du 21 mars 1844.
PIERRE-*LEFÈVRE*, né à Abbeville en 1813. O. du 12 mai 1840.
PIERRE-PAUTROT-*CHAUMONT*. O. du 7 mars 1817; rév. par O. du 18 novembre 1818.
PIERROT-*DESEILLIGNY* (Jules-Aimable), proviseur de collége, né à Paris, en 1792. O. du 26 mai 1842.
PIERSON *de BRABOIS* (Joseph-Ernest), propriétaire, né à Villers-les-Nancy, le 30 octobre 1827. D. du 25 mars 1863.
PIETRI, au lieu de MORAZZANI (Ange-François), né à Brando en Corse, le 20 février 1793. O. du 9 mai 1827.
PILLAUT *du HOMME* (Louis-Jules-Eugène). O. du 4 juillet 1837.
PIMONT *de CÉCIRE DE HONNAVILLE* (Alfred-Hippolyte), maire, né à Gonneville en 1810; AMÉDÉE-JEAN-BAPTISTE, capitaine, né en 1817; et GENTIEN-JULES, propriétaire, né en 1819. D. du 23 mars 1859.
PIMPAR, au lieu de PIMPARÉ (Auguste), lieutenant, né à Tours en 1823. D. du 14 juillet 1858.
PINCEMAILLE-*DUCLOZET* (Nicolas-Stanislas), notaire à Troyes. O. du 22 novembre 1833.
PINEL-*TRUILHAS* (Germain), conseiller à la Cour de Toulouse. O. du 10 juillet 1816.
PION *des LOCHES* (Antoine-Augustin-Flavien), colonel, né à Pontarlier en 1770. O. du 18 juin 1817.
PIOT, au lieu de SAZIAS (Jean-Baptiste), homme de lettres, né à Paris, le 11 novembre 1812. D. du 2 avril 1864.
PIQUET-*COURTIN* (Armand), docteur en droit, né à Châlons-sur-Marne en 1815. O. du 5 juillet 1842.
PISCATORY-*VAUFRELAND* (Achille-Victor-Fortuné) [illegible]

maréchal de camp. O. du 24 janvier 1815.

PISSIN - *SICARD* (Joseph-Barthélemy-Sauveur-César) (l'abbé), né à Aix en 1793. O. du 1er août 1821.

PITOU-*MASSON* (Jean-Basile), avocat, né à Nancy en 1795. O. du 5 mai 1819.

PITTAUD *de FORGES* (Auguste), employé, né à Paris, le 15 germinal an XI, et PHILIPPE-AUGUSTE-GUSTAVE, né en 1833. D. du 23 juillet 1861.

PLANAT *de la FAYE* (Nicolas-Louis), officier, né à Paris en 1784. D. du 31 mars 1860.

PLATDOS-*WAIVRIN* (Bernardin), employé au Mont-de-piété de Paris. O. du 13 avril 1836.

PLINE, au lieu de PINE (Joseph), graveur, né à Paris en 1828. D. du 9 décembre 1854.

PLINE, au lieu de PINE (François-Bernard-Louis), né à Feurs, le 10 juillet 1816. D. du 18 novembre 1863.

POCHET *de BESSIÈRES* (Joseph-Thierce), magistrat, né à Manosque en 1662. O. du 2 mai 1821.

POCHET *de DOUBS* (Charles-César), officier aux cent-gardes. D. du 7 avril 1855.

POËZE - *D'HARAMUBRE* (de la) (René-Louis-Ambroise), capitaine, né à Angers en 1781. O. du 17 septembre 1817.

POINCON DE LA BLANCHARDIÈRE *JAN DE LA HAMELINAYE* (Alexandre-Jules), propriétaire, né à Chauvigné en 1826, et LUC-FRÉDÉRIC-CHRISTOPHE, son frère, avocat, né en 1828. D. du 5 janvier 1853.

POISSON-*SÉGUIN* (Jules-Edouard), juge de paix, né à Paris, le 20 germinal an XII. D. du 8 mars 1862.

POITEVIN *de MOUREILLAN* (Jacques-Théodore-Hyacinthe), né à Montpellier en 1773. O. du 23 mars 1829.

POITEVIN-*VILARNAU* (Joseph), né à Layrac en 1805. O. du 12 mars 1834.

POMIER-LAYRARGUES (*Eugène-André*), au lieu de VIALARS (Joseph-Frédéric-Eugène), né à Toulouse en 1809. O. du 14 février 1834.

POMMEREN-*D'ALIGRE* (de) (Étienne-Marie-Charles), né à Paris en 1813. O. du 14 décembre 1825.

POMPON-*LERAINVILLE* (Gustave-Léonard), sous-préfet, né à Paris en 1821. D. du 5 juillet 1859.

PONS *de la MARIOUSE* (Jean-François), né à Grasse en 1784. O. du 22 juillet 1841.

PORET DE BLOSSEVILLE - *CIVILLE* (Léon), maire de Bois-Hérault (Seine-Inférieure). O. du 24 janvier 1815.

PORRET *de MORVAN* (Abel-Achille), et PIERRE-GUSTAVE-FERDINAND. O. du 5 décembre 1837.

POSSEL-*DEYDIER* (de) (Antoine-Victor-Amédée), commis de marine. O. du 31 janvier 1815.

POTTEAU-*d'HAUCARDRIE* (Ferdinand-Romain-Joseph), propriétaire, né à Lille, le 2 novembre 1810; et ARMAND-JULES-JOSEPH, propriétaire, né au même lieu, le 6 septembre 1819. D. du 23 janvier 1861.

POTTIER *de CLUGNY* (Georges-Étienne), officier, né à Paris en 1795. O. du 27 octobre 1819.

POUBLANC - *PAUBLANC* (Jean), serrurier à Paris. D. du 17 décembre 1853.

POUCHON-*ROCHON* (Joseph-Félix), propriétaire à Manosque (Basses-Alpes). O. du 3 septembre 1836.

POULLAIN-*DELADREUSE* (Charles-Emile), avocat, né à Paris, le 19 juin 1815. D. du 30 octobre 1861.

PRÉMONVILLE *de MAISONTHOU* (Jean-Antoine-Léon), né à Paris, an XIV, et son fils ANTOINE-LOUIS-MARIE-ARTHUR-LÉON; VICTOR-AUGUSTE, né à Paris en 1807, et son fils PAUL-LOUIS; AUGUSTE-LOUIS, né à Paris en 1812. D. du 7 octobre 1854.

PRETIS - *SAINTE - CROIX* (de) (Charles-Louis-Jean-Joseph-Marie) (le chevalier), né à Menton en 1767. O. du 19 février 1817.

PRÉVERAND DE LABOUTRESSE-*DESQUILLETS* (Gilbert-Emmanuel), sous-lieutenant, né au Donjon (Allier) en 1805. O. du 1er avril 1830.

PRÉVOT-*RITTER* (Toussaint), musicien, né à Nantes, le 5 avril 1840. D. du 8 mars 1862.

PREYRE - *VALLERGUE* (Joseph-César-Marie-Thomas), lieutenant-colonel, né à Cannes en 1768. O. du 9 octobre 1816.

PREZ-*REYNIER* (Eugène), secrétaire de la faculté des sciences. O. du 12 août 1845.

PRICOT *de SAINTE-MARIE* (Jean-Baptiste-Évariste-Marie), capitaine, né à Bayonne en 1810. O. du 26 mai 1842.

PRIEUR-*DEMARSOY* (Joseph-Edmond), propriétaire, né à Mirebeau, le 14 décembre 1817. D. du 12 novembre 1861.

PROUSTEAU *de MONT-LOUIS* (Pierre-Claude), lieutenaut général, né à Paris en 1761. O. du 24 septembre 1817.

PRUDENT, au lieu de GAULTIER (Racine), pianiste, né à Angoulême en 1817. D. du 20 mai 1853.

PUISSANT - *CHAUMONT* (Jean-François), capitaine d'infanterie, né à Nancy en 1768. O. du 8 janvier 1817.

PUY-*MELGUEIL* (du), au lieu de DU PUY DE LA RIVEROLE (Antoine-Louis), lieutenant général, né à Saint-Paul-Cap-de-Joux, le 10 octobre 1776. O. du 6 avril 1828.

PYRENT *de la PRADE* (Benoît-Edmond, propriétaire à Paris, né à Clermont-Ferrand, le 27 mai 1820. D. du 9 avril 1864.

Q

QUÉRIEUX-PRIGNY *de LINOIS* (Jules-Matthieu), enseigne de vaisseau, né à Paris en 1824. D. du 25 octobre 1850.

R

RAFFARD-*COTREL* (Jean-Antoine-Henri), courtier, et JEAN-GEORGES, de Bordeaux. D. du 11 mars 1854.

RAYER *du GUÉRICHET* (Félix Jean-René), armateur, né à Bordeaux, an XII. D. du 13 octobre 1859.

RAIMONT - *CLATEAU - REDON* (Paul-Hyacinthe), baron de Rascas, né à Béziers en 1776. O. du 21 octobre 1818.

RAMBACH, au lieu de LÉOPOLD, négociant à Paris. O. du 26 décembre 1834.

RAMBAUD, au lieu de FATRAS (Jean-Baptiste), né à Bayonne en 1813. O. du 31 décembre 1840.

RANCOURT de MIMERAND (*de*), *RANCOURT* au lieu de FOUCHER (Achille-Marie-François); et HYPPOLITE-JEAN-ÉTIENNE, nés à Gien en 1796 et 1799. O. du 21 octobre 1818.

RANDON *de SAINT-MARTIN* (Ferdinand-Emile), percepteur, né à Paris, le 4 ventôse an II. D. du 16 janvier 1861.

RANDON *de la TOUR* (Louis-Dorothée) (le baron), receveur général, né à Laon en 1767. O. du 21 janvier 1818.

RANVIER DE BELLEGARDE, au lieu de ROCHES (Adolphe-Jean-Marie-Marguerite), juge, né à Lyon, en 1789. O. du 25 mars 1818.

RAVEINE, au lieu de SEICHEPINE, officier, né à Rémilly, le 13 octobre 1830. D. du 1er avril 1863.

RAVICHIO-*PERETSDORF* (Maurice-Joseph-Didier, colonel d'artillerie, né à Turin en 1767. O. du 3 février 1818.

RAYBAUD - *TRENQUIER* (Louis-Antoine-Adrien), propriétaire à Eynières, né à Aix en 1822. D. du 30 décembre 1850.

RAYMOND, au lieu de LECHIEN (Joseph-Raymond), négociant, né à Paris en 1827. D. du 7 août 1852.

RAYMOND, au lieu de LECHIEN (Paul-Raymond), archiviste, né à Belleville, le 8 septembre 1833. D. du 25 juin 1864.

RÉAULX *de MARIN* (des) (Charles-

François-Marie-René) (le vicomte). O. du 30 août 1842.

REBOUL *de CAVALERY* (Jean-Louis), chef de bataillon, né à Chanac en 1788. O. du 8 avril 1829.

REBOUTET-*CHEVALLIER* (Jean-Théodore), né à Bordeaux en 1808. O. du 30 août 1842.

REBUT-*LABOELLERIE* (Guillaume-Philippe), employé au ministère de la justice. O. du 21 septembre 1815.

RECULOT-*POLIGNY* (de) (Jean-Joseph) (vicomte), maréchal de camp; et PIERRE-MARIE-NICOLAS-VINCENT (comte), ancien officier. O. du 13 septembre 1815.

RECULOT-*POLIGNY*. O. du 13 septembre 1815, rév. par O. du 7 août 1816.

RÉDIER *la VILLATE* (Jean), substitut au Vigan. O. du 31 janvier 1815.

REGLEY *de KŒNIGSEGG* (Christophe-Adrien), capitaine, né à Paris en 1823. D. du 24 mai 1859.

REGNARD *de LAGNY* (Sébastien-Louis) (le baron), maire de la Ferté-sous-Jouarre, né audit lieu en 1773. O. du 30 juillet 1817.

REGNEAULT *d'EVRY* (Aglibert-François), capitaine; et son fils, JULES, de Paris. O. du 8 septembre 1846.

REMIOT-*LEREBOURS* (André-Achille), né à Paris en 1834. D. du 10 mars 1855.

REMY DE MONTIGNY, au lieu de PAUVREHOMME (Pierre-Dominique), négociant, né à Issoudun, le 1er novembre 1816. D. du 1er juillet 1861.

RENARD *de CHAPOUILLÉ* (Adolphe-Eugène), né à Paris, le 10 janvier 1817. D. du 2 juillet 1864.

RENAUD-*SAINT-AMOUR* (Anne-Nicolas-Joseph), de Lons-le-Saunier. D. du 22 mars 1814. (Bull., sér. 4, t. XX, p. 171.)

RENAUDEAU *d'ARC* (Louis-Édouard), juge, né à Cherbourg, le 2 novembre 1823; et CHARLES, ingénieur, né en 1827. D. du 24 avril 1861.

RENAUDIN-*CONSOLAT* (Victor), notaire, né à Épernay en 1828. D. du 29 juillet 1858.

RENÉ-*MARQUIS* (Etienne-Édouard), né à Saumur, le 6 décembre 1822. D. du 18 novembre 1863.

RENGGUER *de la LIME* (Eugène), vérificateur de douane, né à Colmar, le 22 prairial an XII. D. du 26 mars 1862.

RENIER, au lieu de COQUIN, médecin à Paris. O. du 9 janvier 1839.

RENOUX-*SAINT-ELPHÈSE* (Jules-Pierre-Joseph), sous-lieutenant, né à Vaugirard en 1792. O. du 18 juin 1817.

REPAINVILLE (*de*), au lieu de MARCHAND, né le 22 mars 1814. O. du 2 juin 1819.

RESSÉGUIER *de MÉDIDIER* François-Auguste), juge à Lombez. O. du 31 août 1847.

RÉVOCATION du D. du 25 octobre 1813 et de l'O. du 10 mai 1814, par lesquels les sieurs MIGNETTE, DESCHAMPS et FRANÇOIS étaient autorisés à faire des additions à leurs noms. O. du 23 décembre 1815.

REY-*ESCUDIER* (Jean-Baptiste-Louis), commis de marine, né à Seine (Var), en 1796. O. du 16 février 1835.

REY-*HERME* (Philippe-Xavier), négociant, né à Aubenas, le 17 août 1828. D. du 6 février 1861.

RICHARD-*BÉRENGER* (Edmond), avocat, né à Mens (Isère) en 1822; et VICTOR-JULES, son fils. D. du 26 mai 1856.

RICHARD-*BICHIN* DE CENDRECOURT (Jean-François), militaire, né à Vicq en 1760. O. du 16 mai 1821.

RICHARD *de MONTJOYEUX* (Antoine), député et maire, né à Paris en 1795. D. du 5 février 1859.

RIEFF *de ZURHEIM* (Alexandre-Louis), lieutenant, né à Pfastatt (Haut-Rhin), le 12 juin 1796. O. du 11 avril 1826.

RIEUL-GODARD *de BELLENGREVILLE*, né à Tœufles (Somme) en 1804. O. du 8 septembre 1842.

RILLART *de VERNEUIL* (Jean-Charles-Gustave), propriétaire, né à Verneul-Courtonne, le 12 juillet 1811. D. du 22 mars 1862.

RIQUEUR-*LAINÉ* (Pierre-Marie), lieutenant-colonel, né à Nantes en 1768. O. du 7 novembre 1821.

RIVIÈRE-*DEJEAN* (Marie-Henri-

Claude-Amédée), avocat, né à Alais en 1798. D. du 7 décembre 1858.

RIVOIRE-*BÉZIAN* (Clément-Timothée), médecin, né à Condom en 1790. D. du 7 août 1852.

ROBCIS-*BORGHERS* (Victor-Alphonse-Édouard), né à Paris en 1832. D. du 27 juillet 1859.

ROBERT *de BEAUREGARD* (Victor-Auguste), propriétaire, né aux Sables-d'Olonne en 1791. D. du 16 août 1859.

ROBERT-*DESHOUGUES* (André), né à Manosque en 1764. O. du 12 décembre 1818.

ROBERT *du GARDIER* (Marie-Romain), né à Anneyron (Drôme) en 1770. O. du 2 avril 1841.

ROBERT *du GERDIER* (Charles-Maurice), né à Albon (Drôme). D. du 4 décembre 1816.

ROBERT-*HOUDIN* (Jean-Eugène), mécanicien, entrepreneur de spectacles, né à Blois an XIV. D. du 21 février 1852.

ROBERT-LEFÈVRE (Hippolyte-Félix), capitaine de frégate, né à Paris en 1791. O. du 6 mai 1836.

ROBERT-LEFÈVRE (Charles-Paul), receveur de la douane, né à Paris en 1792. O. du 10 mars 1833.

ROBERT - *SUBERCASAUX* (Auguste-Bernard-Martin), courtier maritime, né à Bordeaux, le 9 octobre 1818, et ses trois enfants mineurs. D. du 30 octobre 1861.

ROBILLARD *de MAGNANVILLE* (Jacques-Florent) (le baron), né à Étampes en 1757. O. du 7 janvier 1824.

ROBILLARD *LE PEULTRE DE MARIGNY* (Charles-Joseph), né à Saint-Domingue en 1789. O. du 30 septembre 1818.

ROCH-*BRAULT* (Denys), rentier, né à Fréjus en 1813. D. du 27 mai 1857.

ROCHE-FONTENILLES-*RAMBURES (de la)*, né à Paris, le 7 janvier 1839. D. du 9 avril 1862.

ROCHON de la PEYROUSE, au lieu de : de BON-FILS LABLÉNIE (Léonard-Léonce), lieutenant de vaisseau, né à Vicq en 1808. O. du 13 février 1846.

RODRIGUES-*PIMENTEL* (David), né à Saint-Esprit (Landes) en 1800. O. du 1er avril 1830.

ROGER, au lieu de COUILLARD (Joseph), négociant à Amiens. O. du 10 février 1842.

ROGER, au lieu de CHIRON (Étienne-Désiré), coiffeur, né à Montrichard, le 10 septembre 1828; et sa fille, Jeanne-Françoise-Désirée. D. du 23 janvier 1861.

ROGER-*DESGENETTES* (Charles-Marie-Joseph), percepteur, né à Tourouvre, le 7 novembre 1809. D. du 21 mars 1861.

ROGER-*DHOSTEL* (Félix), né à Paris en 1808. O. du 18 juillet 1838.

ROGER-*GUYET* (Laure), née en 1832, demeurant à Paris. D. du 28 janvier 1851.

ROGER *de SIVRY* (Alfred-Octave), né à Paris en 1806; et son fils, Louis-Alphonse-Octave, né à Tours en 1848. D. du 6 décembre 1854.

ROGIER-*MANCONI* (Jean-Charles-Ephysius), né à Marseille en 1835. D. du 27 septembre 1852.

ROGNON-*BRONVLLE* (Auguste), né à Lyon en 1793. O. du 4 juillet 1821.

ROLAND-*DEBONNE* (Achille-Eugène), capitaine de gendarmerie, né à Paris en 1808. D. du 12 janvier 1856.

ROLAND - GOSSELIN (Benjamin-Eugène), né à Rouen en 1791. O. du 27 août 1833.

ROLIANA (la), au lieu de ROULY (Joseph-Laurent), né à Frain (Meuse) en 1778. O. du 15 mai 1816.

ROLLAND - *CHABERT* (Joseph-Polydore-Eugène-Jules). O. du 9 décembre 1815.

ROLLAND *d'ESTAPE* (Alexandre-Léon), propriétaire, né à Paris, le 10 avril 1832. D. du 14 juin 1864.

ROLLAND *DU ROQUAN* (de) (Antoine-Joseph-Gérard), de l'Aude. O. du 24 janvier 1815.

ROLLAND *de VILLARGUES* (Jean-Joseph), juge, né à Beaumont-sur-Oise en 1810. D. du 25 janvier 1860.

RONSSIN *du CHATELLE* (Louis-Eustache), officier, né à Paris, le 3 avril 1797. O. du 15 mars 1827.

ROQUE-*SAINT-PREGNAN* (Pierre-Hippolyte), né à Avignon en 1778. O. du 10 décembre 1823.

ROSSELLY *de LORGUES* (Antoine-François-Félix), homme de lettres, né à Grasse an XIII. D. du 15 décembre 1860.

ROSTAN, au lieu de ROUSTAN (Joseph-Philibert), chancelier à Smyrne. O. du 28 février 1815.
ROSY-*HUARD-LANOIRAIX* (Marcellius-Charles-André), né à la Basse-Terre, le 8 février 1840. D. du 20 décembre 1863.
ROUGELOT *de LIONCOURT* (Augustin-Esprit), né à Maurupt (Marne) en 1793. O. du 7 mai 1817.
ROUHER-*LAMOTHE* (Denis-Gilbert), né à Artonne, le 19 juin 1773, et sa fille. O. du 30 janvier 1828.
ROUSSEL-*LARTOIS de SAINT-LUC* (Charles), propriétaire, né à Évreux an XI. D. du 9 mai 1860.
ROUSSET-*MICHALON* (Fabien), né à Beaurepaire en 1793. O. du 3 septembre 1821.
ROUSSOT *de LEYVA* (Antoine-Gustave), capitaine d'artillerie, né à Auxonne en 1790. O. du 27 octobre 1819.
ROUX *DURAFFOURT* (Pierre-Joseph), de Saint-Clément (Hautes-Alpes). D. du 3 mai 1813. (Bull., sér. 4, t. XVIII, p. 663.)
ROUX-*JOFFRENOT de MONTLEBERT* (Michel-Marie-Achille), capitaine d'artillerie, né à Metz, le 16 mars 1824; et MAURICE-MARIE-FULCRAND, né au même lieu, le 8 avril 1826. D. du 10 octobre 1859.
ROUX-*LARCY* (de) (Ernest-Raymond-Marie), propriétaire, né à Marseille en 1827. D. du 23 février 1829.
ROUX DE RAZE-*SAUVIGNEY* (Claude-François-Marie-Joseph), substitut à Arbois (1814). O. du 27 septembre 1814. (Bull., sér. 5, t. II, p. 258.)
ROUY, au lieu de EDMOND, trois frères, nés à la Pointe-à-Pitre. D. du 4 avril 1863.
ROUYER *de SAINT-VICTOR* (Charles-Louis-Nicolas), né à Verdun en 1790. O. du 4 décembre 1835.
ROY *de PUYFONTAINE* (Joseph-Auguste), propriétaire, né à Belleherbe, an VIII; et son fils, CHARLES-ALFRED. D. du 25 juillet 1860.
ROYER *de SAINT-JULIEN* (Raymond-Pierre-Charles), né à Montmédy en 1769. O. du 14 avril 1819.
RUFFIER *d'EPENAUX* (Pierre-Amable-Auguste), propriétaire, né à Vesoul en 1799; et ses trois enfants. D. du 9 février 1859.
RUFFO, au lieu de ROUX (Marie-Louis-Joseph-Hilarion), marquis de La Fare, lieutenant de la garde. O. du 13 décembre 1814. (Bull., sér. 5, t. II, p. 615.)
RUFFO-*LAFARE*, à toute la famille dont il est le chef. O. du 30 août 1815. (V. 13 décembre 1814.)
RUILLIER-*BEAUFORT* (Louis-Papin-Jean-Baptiste), de la Guadeloupe. O. du 28 août 1837.
RUINARD *de BRIMONT-BRASSAC* (Edgar). D. du 13 août 1861.
RUPHY-*MENTHON de LORNOY* (François-Louis), d'Anney. D. du 17 mai 1813. (Bull., sér. 4, t. XVIII, p. 701.)

S

SACHER *de LAUNAY* (Michel-Aimable-Anne, propriétaire, né à Fougères, le 4 pluviôse an IV; et sa fille, SIDONIE-JULIE. D. du 29 décembre 1860.
SAGOT-*LESAGE* (Jules-Alfred), magistrat, né à Paris, le 11 avril 1834. D. du 24 août 1861.
SAIN *de MANNEVIEUX* (Pierre-Jacques), maire, né à Lyon en 1759; et PAUL-ÉMILE, son fils, né à Lyon, en 1793. O. du 11 novembre 1818.
SAINEVILLE, au lieu de SALLICON (Victor), et VICTOIRE, nés et propriétaires à Grenoble. O. du 28 mai 1817.
SAINT-ALBIN-LECHAT (Jules-Albin), receveur des finances, né à Paris, le 13 décembre 1807. D. du 14 septembre 1864.
SAINT-AMAND, au lieu de MOUCHARD, juge, né à Paris en 1785. O. du 6 décembre 1820.
SAINT-AMAND-LALLEMENT (Amand-Ferdinand), de Nancy. O. du 15 décembre 1846.
SAINT-AULAIRE (*de*). Voir DUGARREAU.

SAINT-CHER, au lieu de CASTAING (Augustin), inspecteur des forêts, né à Alençon en 1790. O. du 4 août 1824.

SAINT-ÉTIENNE-*CAVAIGNAC* (Paul-Bernard-Joseph), sous-préfet, né à Paris, le 29 avril 1816. D. du 4 mai 1861.

SAINT-GILLES (Paul-Victor), né à Paris, le 11 octobre 1801. O. du 20 septembre 1826.

SAINT-GILLES (Jean-Jacques-Auguste), procureur, né à Versailles en 1804. O. du 29 janvier 1841.

SAINT-JULIEN-*MUIRON* (de) (Amédée), propriétaire, né à Sceaux en 1793; et son fils, Eugène-Louis. O. du 13 novembre 1841.

SAINT-PRIX-*BEAUVALLON* (de) (Louis-Charles-Vincent-Martin), né à Saint-Domingue en 1781. D. du 3 novembre 1860.

SAINT-VICTOR (Augustin), capitaine d'artillerie, né à Paris en 1788. O. du 17 février 1819.

SAINTE-CHAPELLE, au lieu de FROMAGE (Jean-Baptiste-François-Pascal), né à Lizieux en 1774. O. du 23 septembre 1818.

SAINTE-MARIE, au lieu de GUILLOTIN (Alexis-Sainte-Marie), bachelier en droit. O. du 17 janvier 1815.

SAINTE-MARIE, au lieu de GUILLOTIN (Louis-Paul); et Auguste-Marie-Laurent. O. du 24 février 1830.

SAISSET-*SCHNEIDER* (Julien-Adélaïde-Aristide. D. du 30 août 1849.

SALIGNAC-*FÉNELON* (de) (Jean-Raymond-Sigismond-Alfred), ministre plénipotentiaire, né à Francfort en 1810; Adolphe-Louis-Émilien-Frédéric, capitaine, né à Bâle en 1815; Jules-Victor-Anatole, lieutenant-colonel, né à Darmstadt en 1816; Louis-Alphonse, capitaine, né à Darmstadt en 1822, et Henri-Léonce, capitaine, né en 1824. D. du 8 septembre 1855.

SALIGNAC DE LA MOTTE-FÉNELON (de), au lieu de: de CAZE (Alexandre-Gustave-Henri-Xavier), propriétaire, né à Chartres en 1820; et ses enfants Enguerrand-Alexandre-Gustave-Adolphe et Marie-Alexandre-François-Augustin. D. du 8 septembre 1855.

SALLES, au lieu de FAUQUE (Joseph-Édouard), chapelier, né à Alais, an VI, et son fils Charles-André.

SALOMON *de ROROIS* (de), Marie-François-Maurice), né à Paris en 1810. O. du 12 mars 1829.

SALVY *de BARTHÈS LA PEYROUSE* (Jean-François-Charles), d'Alby. O. du 21 février 1815.

SAMUEL-*HESSE* (Bonhomme), né à Sarrelouis en 1797. O. du 19 septembre 1821.

SAMUEL-*PALM*, au lieu de SALM (Joseph). D. du 16 mai 1810.

SANGUIN *de JOSSIGNY* (Paul-Philippe), capitaine du génie, né à Paris en 1750. O. du 7 novembre 1821.

SANLOT-*BAGUENAULT* (Adrien-Gustave-Thibaut), né à Paris en 1782. O. du 11 juin 1817.

SAUTEREAU-*NÉMON* (Elie-Florent), colonel d'infanterie, né à la Rochefoucauld en 1771. O. du 21 mars 1821.

SAUVAGE *de BRANTES* (Roger), auditeur au Conseil d'État, né à Paris, le 18 novembre 1834. D. du 6 août 1863.

SAUVAIRE-*BARTHÉLEMY* (Barthélemy-Antoine-François-Xavier), auditeur au Conseil d'État, né à Marseille en 1800. O. du 29 décembre 1824.

SAVIN *de SURGY* (André-Charles-Siméon), conseiller à la cour des comptes, né à Brioude en 1789. O. du 25 novembre 1829.

SAVREUX-*LACHAPELLE* (Ernest-Honoré), né à Paris en 1835. D. du 7 décembre 1858.

SAVY *du MONDIOL* (Joseph), capitaine de frégate, né à Doissat, le 23 août 1775. O. du 27 août 1828.

SAYDE *de BELLECOTE*, au lieu de FLORY (Louis-Charles-Albert). O. du 9 août 1814. (Bull., sér. 5, t. II, p. 103.)

SAZERAC-*DELIMAGNE* (Marie-Jean-Joseph-Alix), et Jean-Baptiste-François), nés à Paris. O. du 18 juin 1817.

SCELLIER *de LAMPLE* (Pierre-Joseph), capitaine d'état-major, né à Navarreux en 1819, et Henri-Vincent, employé des contributions, né en 1820. D. du 31 octobre 1855.

SCHWEBEL-*MIEG* (Frédéric-

Louis), né à Barr (Bas-Rhin), en 1809. O. du 22 novembre 1833.

SCITIVAUX-*GREISCHE* (Anne-Louis), né à Metz en 1794. O. du 4 mai 1825.

SÉGUR *de LAMOIGNON* (de) (Adolphe-Louis-Marie) (le comte), né à Paris en 1800. O. du 24 décembre 1823.

SÉGUR-*LAMOIGNON* (Adolphe-Louis-Edgar), député, né à Aube en 1825. D. du 24 septembre 1860.

SEJEAN, dit *CEZEAUX* (Nicolas), et PIERRE, de Sceaux. O. du 14 février 1815.

SÉNAC-*LABICHE* (Jean-Hippolyte), directeur des contributions indirectes, né à Herve en 1796. O. du 6 mars 1835.

SERGENT-*CHAMPIGNY* (Jacques-Philippe), né à Étampes en 1785. O. du 23 septembre 1818.

SERRE-*RENAULT* (Pierre-Charles-Philippe), propriétaire, né à Meursault, le 17 avril 1819. D. du 29 avril 1861.

SERRES *de GAUZY* (Louis-Julien-Joseph), avocat, né à Castelnaudary en 1795. O. du 13 septembre 1820.

SEUR-*VELCOUR* (François-Edouard), officier. O. du 20 janvier 1830.

SEYMAT, au lieu de GIRARD (Louis), capitaine, né à la Mure (Isère) en 1804. D. du 23 septembre 1849.

SEYSSAN-*TARDIEU DE LA LAUZ* (Hilarion), né à Avignon en 1794. O. du 5 septembre 1821.

SIAU-*RICHERMÉ* (Pierre-François), officier, né à Marseille en 1775. O. du 1er novembre 1816.

SIFFLET-*LAFAVERGE* (Claude), propriétaire, né à Lyon en 1812; et EUGÈNE-MARIE, propriétaire, né en 1831. D. du 22 mars 1856.

SIMON *LE BERTRE* (Édouard-Louis-Rodolphe), propriétaire, né à Paris en 1818. D. du 13 février 1838.

SIMON-*LARIÈRE* ((Charles-Luc-Louis-Marie), né à Blois en 1785. O. du 11 novembre 1831.

SIMONET, au lieu de PATÉ (Nicolas), instituteur à Molandry. O. du 6 février 1639. (Bull., 1846.)

SIMONIS-*EMPIS* (Adolphe-Dominique-Florent-Joseph), membre de l'Académie française, né à Paris en 1795. D. du 16 janvier 1858.

SIMPLICE-*HURARD* (Édouard-Anaclet), propriétaire, né à la Martinique en 1807; et ses quatre enfants. D. du 3 septembre 1857.

SOLAND, au lieu de PANTIN (Aimé). O. du 11 février 1842.

SORIGNET-*PERROTTEAU* (Pierre), percepteur, né à Barzan, le 20 fructidor an X; et son fils, VINCENT-EDMOND, né en 1843. D. du 4 mai 1861.

SOUHAM (Henri), adjudant, né à Paris en 1832. D. du 16 avril 1853.

SOURIER *de BAZELLE* (Nicolas-François), officier, né à Lunéville en 1772. O. du 30 août 1820.

STEINER-*PONS* (Édouad), agent de change, né à Lyon en 1827; JEAN-CHARLES-ADRIEN, né en 1828. D. du 19 mai 1858.

STIELER-*LANDOVILLE* (Philippe Jacques) (le baron), né à Landau en 1772. O. du 5 février 1817.

SUBTIL-*LANTERIE* (Marie-Auguste), capitaine, né à Neufchâtel en 1789. O. du 3 mars 1825.

SUZANE-*TURPIN* (Louis-Joseph-Gustave), né à Saint-Jean-d'Angély en 1797. O. du 12 décembre 1818.

SYLEX-QUESNEY-*LEROUGE*, de Paris. O. du 10 juillet 1816.

RYMPHÉROSE-*DÉJEAN* (Marie-Françoise), née à Cayenne. O. du 22 février 1843.

T

TAILLEFER *de la ROSIÈRE*. Ordonnance du 6 septembre 1814; révoquée par Ordonnance du 18 avril 1816.

TAILLEFER *de la ROSIERE* (Antoine), trésorier de guerre; et ses deux fils, officiers. O. du 9 septembre 1814. (Bull., sér. 5, t. II, p. 222.)

TAILLEUR-*MATHIS* (Charles-François). O. du 11 octobre 1815.

TALHOUET-*ROY* (de) (Auguste-Élisabeth-Joseph), de Paris. O. du 27 décembre 1847.

TAMISIER, au lieu de CARRIER (Pierre-Alfred), né à Paris en 1801. O. du 13 octobre 1819.

TARBÉ *des SABLONS* (Sébastien-André), avocat, né à Sens en 1762. O. du 8 janvier 1817.

TARBÉ-*VAUX-CLAIRS* (Jean-Bernard), lieutenant-colonel, né à Sens en 1767. O. du 8 janvier 1817.

TARDY-*ROSSY* (Jules-Henri-Dauphin), né à Palluan (Vendée) en 1810. O. du 16 février 1835.

TARTAS-*MÉLIGNAN* (de) (Louis), propriétaire, né à Mezin, le 2 juillet 1835. D. du 26 février 1862.

TAXIL-*FORTOUL* (Ernest-Martin), notaire, né aux Mées (Basses-Alpes), le 24 novembre 1832. D. du 29 juin 1863.

TERNAUX *de LAMORÉLIE* (Charles-Louis-Waldemar), de Paris. O. du 18 avril 1845.

TERRAY *de MOREL-VINDÉ* (Charles-Louis), de Paris. O. du 27 décembre 1847.

TESSIER, au lieu de COCHON (Auguste-Pierre), potier, né à Ingouville en 1826. D. du 9 décembre 1854.

TESTOT-*FERRY* (Claude), colonel. O. du 17 janvier 1815.

TEXTOR *de RUVISI* (Anatole-Arthur), capitaine, né à Bourges en 1822. D. du 55 juillet 1860.

TEYSSIER-*PALERNE de SAVY* Antoine-André-Ennemond-Jules), propriétaire, né à Grenoble, le 14 septembre 1814; et Augustin-François-Léon, né au même lieu en 1815. D. du 1er juin 1864.

THERME (Jean-Baptiste-Eugène), né à la Martinique en 1807. O. du 19 mai 1845.

THEURIER-*POMMYER* (Charles), juge, né à Viezon, an VIII. D. du 23 mai 1860.

THIBAUDEAU-*AIMÉ* (Thomas), né à Poitiers en 1780. O. du 3 septembre 1817.

THIÉBAUT-*BRUNET* (Théodore-Étienne), né à Amsterdam en 1791. O. du 31 décembre 1817.

THIERIET-*LUYTON* (Charles-François-Xavier), professeur à la faculté de droit de Strasbourg. O. du 20 décembre 1814. (Bull., sér. 5, t. III, p. 15.)

THIÉRY, au lieu de COCUSSE (André), avocat, né à Châlon-sur-Saône, le 24 mars 1833. D. du 12 novembre 1861.

THIERY, au lieu de VIROUX (Antoine-Louis. O. du 11 septembre 1844.

THIERY-*LAMARCK* (Étienne), ancien capitaine. O. du 17 janvier 1815.

THIERRY-*DUFOUGERAY* (Florent-Adolphe-Marie), consul, né à Saint-Malo, an X. D. du 4 mai 1859.

THIERRY *de FALETANS* (de) (Constant), propriétaire à Paris, né an VI. D. du 25 février 1851.

THIERRY *de FALETANS* (de) (Paul-Henri-Gaspard-Ernest), propriétaire à Fismes (Marne). D. du 19 février 1853.

THIERRY-*MIEG* (Matthieu), Charles-Jonas et Édouard, nés à Mulhouse, ans IX, X, et 1815. O. du 23 juillet 1838.

THIERRY-*MIEG* (Jean-Jacques), né à Mulhouse en 1820. O. du 31 août 1838.

THOMAS-*ALVARES* (Jean-Marie-Charles-François-de-Paule-Clément), né à Séville en 1811. D. du 25 juillet 1860.

THOMAS-DESCHENES-*CÉNONVILLE* (François), né à Alençon en 1782. O. du 17 septembre 1817.

THOMAS-*SAINT-HENRI* (Adrien-Martial) (le baron), maréchal de camp, né à Abbeville en 1767. O. du décembre 1817.

THOMAS-*STAINVILLE* (Émile-Augustin), clerc de notaire, né à Gaillefontaine, le 11 janvier 1834. D. du 10 février 1864.

THOMIRE, au lieu de BEAUVISAGE (Hippolyte-Antoine), né à Paris en 1805. O. du 17 juin 1835.

THONNELIER-*SAINT-MAUR* (François), né à Vic (Meurthe), en 1777, payeur de la Creuse. O. du 28 août 1816.

THUREAU-*DANGIN* (Pierre), receveur, né à Melun en 1774. O. du 26 mai 1819.

THYRION, au lieu de CHION (Marie-Jean-Baptiste), né à Rouen, le 26 juillet 1826. D. du 30 mai 1863.

TIXIER-*LACHASSAGNE* (Joseph-Charles), président de la cour de Limoges, né à Bourganeuf, an III. D. du 8 février 1860.

TRAPPIER-*MALCOLM* (Jacques-Élisée) (le baron), colonel. O. du 24 janvier 1815.

TRESVAUX DU FRAVAL *de la GARENNE*, né à Loudéac, le 23 janvier 1767. O. du 9 août 1826.

TRÉTON DE VAUJUAS *de LANGAN* (Marie-Louis-François), et MARIE-CAMILLE-JOSEPH. O. du 31 mars 1843.

TRIBERT-*SEPTMONTS* (Étienne-François-Matthieu), sous-lieutenant d'infanterie. Ordonnance du 31 juillet 1816.

TRINITÉ-*SCHILLEMANS* (Édouard-Pierre-Florent), sous-lieutenant. O. du 20 juin 1844.

TRIPE-*GINOUVIER* (François-Joseph), né à Nice en 1796. O. du 3 septembre 1831.

TROETTE-*ROSAT* (Aimé-Auguste-Jean-Henri-Félix), inspecteur des contributions à Troyes. O. du 4 septembre 1840.

TROISŒUFS-*HALLIGON* (Antoine-Ambroise), magistrat, né à Paris en 1770. O. du 23 janvier 1821.

TROTIGNON *de MONTENAY*, au lieu d'AUVERGNE (André-Jacques-Isaac), propriétaire, né à Chemery en 1806. D. du 15 octobre 1859.

TROUSSEL-*HÉBERT* (Louis-Balthasar-Alfred), né à Paris en 1809. O. du 16 mai 1821.

TRUC-*LARREGUY* (Timoléon-François), officier, né aux Arcs (Var), le 13 février 1815. D. du 29 août 1863.

TRUCY-AUBERT (Jacq.-Charles), né à Paris en 1786. O. du 23 janv. 1821.

TRUMET *de FONTARCE* (Jacques-Albert), propriétaire, né à Dijon en 1822; et ARMAND, né en 1824. D. du 30 mai 1860.

U

*SSON*-GUILLEMEAU DE SAINT-SOUPLET (*d'*) (Ours-Antoine-Louis), né à Paris en 1810. O. du 5 mai 1819.

V

ACHIER-*DEGRIS* (Jean-Baptiste-Pierre), propriétaire, né à Arlanc, le 26 juin 1783, et ses enfants. D. du 1er novembre 1862.

VALABRÈGUE *de LAVŒSTINE* (de) (Paul-Auguste-Jean), propriétaire à Paris. D. du 20 février 1856.

VALDRUCHE-*MONTREMY* (François-Auguste), et ALFRED. O. du 10 février 1842.

VALENTIN-*LAPELOUZE* (Jean-Baptiste), employé de la loterie. O. du 13 décembre 1814. (Bull., sér. 5, t. II, p. 615.)

VALERY, au lieu de PASQUIN (Antoine-Claude), né à Paris en 1789. O. du 4 mai 1825.

VALLET-VILLENEUVE-*GUIBERT* (Louis-Armand). O. du 14 février 1815.

VALLON, au lieu de COLAS (Matthieu-Louis), et FÉLIX-AUBIN, nés à Paris en 1776 et en 1773. O. du 15 septembre 1819.

VALLON (*du*), au lieu de BASIRE (Nicolas-Robert), avocat, né à Dijon. O. du 27 septembre 1814.

VALROGER (*de*), au lieu de LOUVEL (Nicolas-Louis), conseiller à la Cour de Caen, né à Granville en 1767. O. du 28 juillet 1820.

VANBLARENBERGHE, au lieu de TORCHON (Alexandre-Charles-François), directeur des contributions, né à Paris en 1777. O. du 25 février 1824.

VANDER-VRECKEN-*BORMANS* (Jean-Godefroy-Antoine), capitaine du génie, né à Rudemonde en 1768, et EMMANUEL-JOSEPH. O. du 19 mars 1817.

VANDRICOURT, au lieu de COCHON (François-Charles-Fortuné), officier. O. du 15 juin 1832.

VANNESSON, au lieu de MIOCHE-VANNESSON (Jean-Joseph-Gustave), procureur impérial, né à Saint-Claude (Jura), le 5 juin 1829. D. du 4 décembre 1864.

VANZELLER *d'OOSTHOVE* (Marie-Henri-Arnould), propriétaire, né à Lille, le 28 février 1837. D. du 14 juin 1864.

VAQUETTE *de HENNAULT* (Louis-Jules-Joseph), capitaine, né à Bayonne en 1822. D. du 7 décembre 1858.

VARIN *d'EPENSIVAL* (Maurice-Charles-Louis), propriétaire, né à Paris, le 27 octobre 1828; et Fernand-Henri-Léon, né audit lieu, le 5 septembre 1837. D. du 29 août 1863.

VASSARD *d'HOZIER* (de) (Marie-Edmond-Jean), ingénieur, né à Paris en 1827. D. du 19 mai 1858.

VASSE-*DUSAUSSAY* (Jean-Pierre), propriétaire, né à Rouen en 1776. O. du 17 avril 1822.

VAUX *d'HUGUEVILLE* (de) (Alexis-Louis-Auguste), né à Paris en 1773. O. du 24 mai 1829.

VELY, au lieu de CULOTEAU, capitaine d'infanterie. O. du 6 décembre 1814. (Bull., sér. 5, t. II, p. 526.)

VÉMARD (*Auguste*), au lieu de ANDRÉ (Jean). D. du 22 mars 1814. (Bull., sér. 5, t. Ier, p. 43.)

VENE-*LA-MARTELLE* (Joseph-Auguste), propriétaire, né à Siran (Hérault) en 1782. O. du 4 avril 1821.

VENTE *de FRANCMESNIL* (Philippe-Prosper-Amédée), receveur des finances né à Paris, an VI. D. du 12 décembre 1860.

VER *de la GRACINIÈRE* (Camille), né à l'île de France en 1793. O. du 28 février 1821.

VER-HUEL, au lieu de ROUGEOT (Charles-Henri-Joseph), né à Paris en 1820. O. du 1er juillet 1842.

VERD-*DELANDINE* (Louis-Jérôme), avocat, né au Grand-Lemps en 1818. O. du 8 janvier 1847.

VERD *de SAINT-JULIEN* (Charles-François), notaire, né à Lyon, le 9 octobre 1795. O. du 26 juillet 1826.

VERDIER (*du*), au lieu de : DE MARSILLY (Auguste-Amable-Louis). D. du 4 septembre 1849.

VERDIER *de SERVIERS* (Marie-Emile), né à Uzès, le 17 juillet 1801 O. du 30 janvier 1828.

VERDOT, au lieu de BRIGAND (François-Vincent), prêtre, né à Massingy en 1817. D. du 14 juin 1854.

VERGÉ-*DUTAILLIS-BURGLIN* (Charles-Nicolas), général, né à Toul le 7 décembre 1809. D. du 14 mai 1862.

VERNE (*de*), au lieu de OLSZEIVIEC (Julien), né en Pologne. D. du 1er décembre 1860.

VERNE *de BACHELARD* (Jean-Simon-Antoine-Marie), conseiller à la Cour de Lyon, né à Roanne en 1792; et Auguste-Alexandre-Antoine-Marie, juge, né en 1823. D. du 2 mai 1860.

VERNEA (*de la*) (*Louis-Augustin-Marie*), au lieu de DOLCE-SEGRE (Moïse), capitaine d'infanterie, né à Saluces en 1769. O. du 30 septembre 1818.

VERNET-LECOMTE (Charles-Emile-Hippolyte), peintre, né à Paris, le 15 mars 1821. D. du 11 décembre 1864.

VERNEUIL-*KINABLE* (Charles-Louis), et son fils.

VERNON-*SAINT-BRUNO* (Louis-Philippe-Nicolas), officier, né à Compiègne en 1772. O. du 24 mars 1819.

VEYRAC, au lieu de VERRAT (Jean-François). O. du 5 décembre 1842.

VICTOIRE-*RIFER* (Joseph), négociant, né à Cayenne en 1822, et ses trois enfants. D. du 9 août 1854.

VICTOR-*LABIDARD* (Remi-Joseph), négociant, né à la Martinique en 1811, et sa fille Rose. D. du 26 mai 1856.

VICTOR-*OLIER* (Jean), avocat. O. du 6 juin 1830.

VIDAL *de LINGENDES* (Jean-François-Marie-Félix-Stanislas). O. du 16 juillet 1840.

VIDALOT-*TORNIER* (Guillaume), de l'Aude. O. du 24 janvier 1815.

VIENNET-*MAUCLERC* (Anne-Antoine-Jean-François-Marie-Amédée), capitaine, né à Narbonne en 1778. O. du 25 juin 1817.

VIET-*CHAMORIN* (Jacques), capitaine, né à Amagne en 1772. O. du 28 mai 1817.

VIÉVILLE, au lieu de LOUVEL (Jérôme-François), négociant, né à Orléans en 1780. O. du 20 décembre 1820.

VIGIER (Achille-Pierre-Félix), né à Paris en 1801. O. du 23 septembre 1818.

VIGIER-*DEMEOLLET* (Louis), né à Senezergues (Cantal) en 1760. O. du 9 mai 1834.

VIGNE (de), dit VIGNON-*DECORAIL* (Jean-Victor-Henri-Adolphe), et LUCE-HENRI, nés à Gorze (Moselle) en 1806, et à Semur en 1811. O. du 4 juin 1817.

VIGNERON-*VALANCY* (de) (Louis-François-de-Salles) (le chevalier), né à Nancy en 1764. O. du 22 octobre 1817.

VILLAGRE *de VIGUIER DE SAINTE-VALIERE* (de) (Papoul-Sylvestre), né à Saint-Papoul (Aude) en 1775. O. du 23 décembre 1817.

VILLAIN-*MOISNEL* (Eugène-Étienne), propriétaire, né à Beauvais, an XI. O. du 26 novembre 1840.

VILLIERS *l'ILE-ADAM* (de) (Joseph-Gabriel) (le vicomte), capitaine d'infanterie. O. du 7 septembre 1815.

VIMAL-*TEYRAS* (Antoine), député, O. du 15 novembre 1815.

VINCENT-*CHARPENTIER* (Gustave-Adolphe), propriétaire, né à Alençon en 1821; et HUBERT-ANTOINE, négociant à Alençon, né en 1829. D. du 11 mars 1857.

VINCENT *d'INVILLE*, au lieu de GUILLOTIN (Samuel-César), propriétaire à Paris, né à Arras en 1794. O. du 17 juillet 1816.

VINCENT *de VAUGELAS* (Claude-Aimé), propriétaire, né à Lyon en 1808. D. du 5 juillet 1859.

VINCHON, au lieu de COQUIN (Auguste-Jacques-Alexandre), propriétaire, né à Arras en 1823. O. du 14 juin 1847.

VINCHON-*QUEMONT* (Charles-Antoine). O. du 8 novembre 1814.

VIOL-*BODSON de NOIRFONTAINE* (Édouard), propriétaire, né à Tours en 1822. D. du 21 août 1851.

VIOLET-*d'EPAGNY* (Jean-Baptiste-Rose-Bonaventure), homme de lettres, né à Gray en 1787. D. du 24 mars 1860.

VIOLLET-DESLIANNES-*LENONCOURT*. Rév. le 3 juin 1818 celle du 5 juin 1816.

VISSEQ *la PRADE* (Jean-Charles-Albert), propriétaire, né à Montpellier en 1826; et MARIE-CASIMIR-ÉDMOND, né à Lodève en 1829. D. du 7 juillet 1859.

VITON *de JASSAND* (Jean-Bruno-Annibal), major. D. du 15 juin 1849.

VITON *de JASSAND* (Bienvenu-Joseph-Hippolyte), receveur de l'enregistrement à Paris. D. du 22 octobre 1849.

VITON *de JASSAND* (Marie-Élisabeth), née à Meximieux (Ain) en 1835; PIERRE-NUMA, né à Massiac (Cantal) en 1843; et MARIE-ADÈLE, née à Paris en 1847. D. du 23 août 1850.

VITON *de SAINT-ALAIS* (Jean-Paul-Maximilien-Auguste), capitaine, né à Bordeaux en 1800. D. du 2 novembre 1857.

VIVIER *DESLANDES* (Napoléon), médecin à Paris. O. du 12 mai 1846.

WARNIER DE WAILLY *de WANDONNE* (Philippe-Frédéric-Félix), propriétaire à Verchin, né à Sailly-le-Sec en 1823. D. du 12 août 1850.

WARNOD, au lieu de MACAIRE (Jean-Victor), négociant, né à Paris en 1812. O. du 19 mars 1847.

WAROQUIER *de PUEL-PARLAN* (de) (Jean-Baptiste-Marie-Frédéric-Henri-Gédéon), né à Saint-Affrique en 1807. O. du 18 mars 1843.

WRIGHT-*PRÉVOST de SAINT-HILAIRE* (Georges-Henri); WILLIAM-CHARLES-HENRI, EUGÈNE-ALEXANDRE-GEORGES, CHARLES-AIMABLE-VICTOR-AUGUSTE-JOSEPH et HENRIETTE-EMMA. O. du 20 février 1846

SUPPLÉMENT

À LA

LISTE ALPHABÉTIQUE

DES NOMS CHANGÉS

A

ANCILLON *de JOUY* (Louis-Jules), propriétaire, né à Metz, le 21 février 1805. D. du 26 août 1865.

AURIOL-*ROY-BRY* (Pierre-Eugène-Armand), banquier, né à Rochefort, le 25 septembre 1837. D. du 14 juillet 1865.

AUGIER *de MAINTENON* (Alphonse-François-Marius-Henri), commis de marine, né à Toulon, le 31 mai 1840; *François-Marius-Joseph-Lucien*, né le 3 décembre 1842; leur mère et ses sept enfants mineurs. D. du 27 juin 1866.

ARTHEZ, au lieu de PINOGES (Jean), négociant, né à Castelis, le 9 juin 1822. D. du 28 novembre 1866.

AYMÉ *de la HERLIÈRE* (Henri-François-Alfred, né à Lunéville, le 17 juillet 1837. D. du 23 mai 1866.

B

BARRÉ *de LANEY* (Auguste-Louis-Fridolphe), drogman, né à Paris le 4 mars 1834, et *Charles-Gabriel*, avoué, né à Paris le 9 mai 1828. D. du 1er avril 1865.

BERLIOZ *de REYNIER DE JARJAYES* (Victor-Marie-Joseph), juge de paix, né à Grenoble, le 21 octobre 1816. D. du 26 août 1865.

BAZELAIRE (de) *de RUPIERRE* (Marie-Maurice), prêtre, né à Saulcy, le 28 juillet 1840. D. du 3 févr 1866.

BELLE, au lieu de CORNEDECERF, (Gustave-Jules), propriétaire, né à Orléans, le 21 avril 1842. D. du 1er avril 1865.

BOULARD *de VAUCELLES* (Ernest-Henri), ingénieur, né à Paris, le 10 mai 1821. D. du 23 mai 1866.

BOUCHER-*LÉOMÉNIL* (Philippe-Léon), ingénieur, né à Lille, le 14 octobre 1827. D. du 6 mai 1865.

BOUSQUET-*FOLTZ* (Georges-René-François), brigadier-fourrier. D. du 31 juillet 1865.

BOIRON-*ÉBELING* (Charles-Louis-Jean, et *Louis-Eugène-Henri*, nés à Paris en 1835 et 1838. D. du 23 mai 1866.

BRAUX (de) *d'ANGLURE* (Édouard-Antoine-Francis), officier, né à Paris, le 15 août 1834. D. 16 mai 1866.

BRIÈRE, au lieu de COCHON. (Vitaline-Opportune-Henriette-Charlotte), née à Courcerault, le 1er mai 1836; *Julien-Pierre-Vital-Antoine*, né en 1838; *Rose-Pauline-Julienne-Léocadie*, née en 1840; *Louis-Philippe*, né en 1843, tous au même lieu. D. du 25 février 1865.

BRET *de ROMIEU* (François), conseiller de préfecture, né à Colmar, le 8 mai 1841. D. du 21 janvier 1865.

BADTS (de) *de CUGNAC* (Pierre-Albert-Marie, et *Arthur-Urbain-Marie*, nés à Lille en 1841 et 1842. D. du 6 juin 1866.

BUREL *de VILLAPRÉ* (Anna-Stéphanie, née à Chaumont, le 21 mars 1829, et *Henriette-Émilie*, en 1832. D. du 16 juin 1866.

BUREL *de VILAPRÉ* (Louis-René-Charles), officier, né à Andelot, le 13 juin 1839. D. du 1er avril 1865.

C

COTTON (de) *DUPUY-MONTBRUNE* (Thomas-Charles Raymond), né à Lyon, le 20 décembre 1832. D. du 7 avril 1866.

COUDERC *de FOULONGUE* (Hypolithe), avocat, né à Alby, le 4 mars 1819, et *Jean-François-Auguste*, né le 19 janvier 1820. D. du 4 avril 1866.

CLAUDE-*LAFONTAINE* (Lucien-Félix), négociant, né à Charleville, le 22 décembre 1840. D. du 25 janvier 1865.

CARIENAC *de TORNÉ* (Paul-Alphonse), propriétaire, né à Castres, le 7 août 1811. D. du 5 septembre 1865.

COHIN, au lieu de GROSSOT-DE-VEREY (Albert), courtier, né à Paris, le 30 janvier 1840. D. du 31 juillet 1865.

COLLETTE *de BAUDICOUR* (Louis-Joseph), propriétaire, né à Paris, le 2 février 1815. D. du 11 novembre 1865.

D

DAREMBERG, au lieu de CHARLES, bibliothécaire à la Mazarine, né à Dijon, le 14 mai 1817. D. du 11 novembre 1865.

DEJEAN *de GLEYSE* (Alphonse-Hyacinthe-Achille), capitaine, né à Tarbes, le 5 janvier 1818. D. du 4 avril 1866.

DEJEAN *de GLEYSE* (Joseph-Adolphe-Édouard), contrôleur à l'Hôtel-des-Monnaies de Bordeaux, né à Saint-Affrique, le 8 pluviôse an XII; et *Louis-François-Edmond*, né à Libourne, le 15 octobre 1838. D. du 8 octobre 1866.

DESFRENAIS, au lieu de BAUREAU-DESFRENAIS (Louis-Gilbert-Anatole), né à Beauvais, le 27 juin 1812; *Marie-Ludovic*, né à Chaumont-en-Vexin, le 22 avril 1842; *Charlotte-Marie*, née en 1844. D. du 16 novembre 1866.

DESAINT *de MARTBILLE* (Jules-Louis-Dominique), colonel, né à Douai, le 16 septembre 1809. D. du 2 mai 1866.

DÉRAMÉ, au lieu de PIPY (Félix-Stanislas), médecin, né à Rochefort, le 5 octobre 1828. D. du 27 décembre 1865.

DUTHEIL *de la ROCHÈRE* (Alexis), sous-lieutenant, né à Moussac-sur-Vienne, le 1er avril 1835. D. du 26 avril 1865.

F

FREYDIER-LAFONT *de CONTAGNET* (François-Lucien), né à Saint-Agrève, le 20 mai 1826. D. du 27 juin 1866.

FRANÇOIS-*CHASLIN* (Édouard-Joseph), né à Crisenon en 1827. D. du 28 avril 1866.

FRANÇOIS-*THIÉBOST* (Armand), avocat, né à Aumale, le 5 décembre 1830. D. du 14 décembre 1865.

FOURIER *de BACOURT* (Flore-Pauline), née à Paris, le 22 mars 1821, et son fils *Paul*, né en 1848. D. du 17 juin 1865.

FERDINAND-*GAULARD* (Léonce-Louis-Jules), employé à la Banque de France, né à Vire, le 30 octobre 1833. D. du 25 janvier 1865.

FOLVILLE (Marie-Charlotte-Malvina), née à la Martinique, le 1er novembre 1825. D. du 14 décembre 1865.

FUZIER-*HERMAN*, (Ennemond-Victor), sous-préfet, né à Lyon, le 12 septembre 1812. D. du 17 janvier 1866.

G

GEORGE-*DELACROIX* (Léon-Henri-Charles, né à Mouzou, le 22 septembre 1821. D. du 2 juin 1866.

GOUY *de BELLOCQ-FEUQUIÈRES* (Camille-Albert), maire, né à Nancy, le 2 novembre 1836. D. du 4 avril 1866.

GRANDIN *de l'EPREVIER*, (Charles-Alexandre-Victor). né à Elbeuf, le 8 mars 1831. D. du 4 avril 1866.

GRANDIN *de l'EPREVIER* (Mathieu-Alexandre), maire, né à Elbœuf, le 11 février 1793. D. du 11 novembre 1865.

GUERIN-*DELAROCHE* (Victor-François-Xavier), maire de Romainville, né à Saint-Laurent de Terregatte, le 13 juillet 1823. D. du 25 janvier 1865.

GUERIN-*PRÉCOURT* (Félix-Adolphe, né à Paris, le 23 nivôse, an 7, et *Charles-Anatole*, capitaine d'état-major, né le 29 août 1834. D. du 23 mai 1866.

GUIRARD-*CAMPROGER* (Auguste-François), contrôleur au chemin de fer d'Orléans, né à Paris, le 9 novembre 1828. D. du 1er avril 1865.

H

HARDY *PALLET DE BLANZAY* (Jules-Marie-Alphonse Georges), né à Genouillé, le 10 décembre 1821, et *Ludovic-Léopold*, né en 1828. id. D. du 26 août 1865.

HOARAU *de LA SOURCE* (Henry-Charles), maire, né à Paris, le 7 juin 1823. D. du 26 mai 1866.

L

LASALVY-*BERTRANDON* (Pascal-Jean-Baptiste-Gustave), négociant, né à Marseille, le 28 mars 1842. D. du 6 mai 1865.

LAURENT (Joseph), né à Marseille, le 24 août 1830. D. du 2 novembre 1865.

LEFEBVRE *de VIEFVILLE* (Paul-Eugène), juge, et *Louis-Eugène*, avocat, nés à Paris, en 1837 et 1840. D. du 16 mai 1866.

LELION-DAMIEN (Lucien-Elie), né à Rouen, le 19 octobre 1815, et *Georges-Jacques*, né le 25 juillet 1839. D. du 6 janvier 1866.

LOYER *de BARENECHEU* (Alphonse-Félix), capitaine au long cours, né à Paris, le 30 juin 1828. D. du 14 décembre 1865.

M

MALHERBE *de la BOUEXIÈRE* Ferdinand-François), né à Fougères, le 16 juin 1791; *Achille-Charles*, né à Vitré, an IV; *Hector-Olivier*, né à Vitré, an VI. D. du 2 septembre 1865.

MARCHANT *de VERNOUILLET* (Charles-Gustave), et *Augustin-Maurice*, nés à Paris en 1819 et 1828. D. du 14 janvier 1865.

MALHERBE *de MARAIMBOIS* (Gustave-Henri), né à Metz, le 16 avril 1830. D. du 13 mai 1865.

LE MORDAN *de LA VILLE-CO-*

CHARD (Louis-Marie-Joseph), maire, né à Erqui, le 21 septembre 1829. D. du 26 août 1865.

MAUBLANC *de BOISBOUCHER* (Arthur-Louis-Marie-Jean), né à Nantes le 24 juin 1846. D. du 26 août 1865.

MAUBLANC *de BOISBOUCHER* (Louis-Amédée), né à Nantes, le 16 janvier 1814. D. du 26 août 1865.

MAUBLANC *de BOISBOUCHER* (Louis-Marie-Ernest), né à Nantes, le 1er mars 1848. D. du 26 août 1865.

MICHEL *de GROUSSEAU* (Marie-Gustave-Frédéric), officier, né à Montoiron, le 28 juin 1834. D. du 26 août 1865.

MILIFFIOT *de BELAIR* (Léon), notaire, né à Solaise, le 13 juin 1814. D. du 8 octobre 1866.

MOCQUART *de TERLINE* (Louis-Félix-Marie), né à Hazebrouck, le 16 mai 1815. D. du 2 novembre 1865.

MOTTET *de la FONTAINE* (Edouard-Prosper-Laurence), né à Pondichéry, le 18 avril 1793; *René*, né id., le 17 avril 1844; *Adolphe-Guillaume*, né id., le 28 juillet 1795; *Claire Anne-Eric*, née à Bolarum, le 15 janvier 1844. D. du 22 mai 1865.

N

NAUCHE *de LEYMARIE* (Jean-Léonard-Auguste), et *Jacques-Jean-Alfred*, propriétaires, nés à Vigeois (Corrèze), le 18 août 1796, et 13 février 1828. D. du 25 janvier 1865.

NAYRAL *MARTIN DE BOURGON* (Etienne-Gabriel-Edmond), né à Montpellier, le 10 septembre 1812. D. du 2 décembre 1865.

NOAL (de) au lieu de *COUTY de la POMMERAIS*, né à Versailles, le 5 avril 1853. D. du 31 juillet 1853.

P

PEDRELLI *DEU DE MONTIGNY* (Charles-Achille), capitaine, né à Paris, le 12 mars 1823. D. du 23 mai 1866.

PERRUCHE *de VELNA* (Paul), avocat, né à Dôle, le 23 décembre 1808. D. du 31 juillet 1865.

PERRUCHE *de VELNA* (Jean-Baptiste), juge, né à Dôle, le 12 novembre 1810. D. du 31 juillet 1865.

PETIT *de TOUTEUIL* (Alexandre-Marie), né à Paris, le 25 janvier 1787, et son fils *Henri*, né en 1825. D. du 16 juin 1866.

PEUDEFER *de PARVILLE* (François-Henry), homme de lettres, né à Évreux, le 27 janvier 1838. D. du 14 décembre 1865.

PORIQUET *de MAISONNEUVE* (Henri), économe de l'Asile impérial de Vincennes, né à Bar-le-Duc, le 18 novembre 1835. D. du 7 janvier 1865.

R

RICHER *de MARTHILLE* (Louis-Gabriel), né à Dieuze, le 3 février 1787. D. du 2 mai 1866.

ROCHER *de LABAUME-DUPUY-MONTBRUN* (de) (Louis-Joseph-Gabriel), né à la Garde-Adhémar, le 20 mars 1836. D. du 7 avril 1836.

ROSSIGNOL *de BALIGNY* (Antoine-Robert-Maurice), né à Sens, le 30 avril 1843. D. du 13 mai 1865.

ROLLAND *d'ESTAPE* (Jacques-

Charles-Lucien), propriétaire, né à Paris, le 21 janvier 1831. D. du 26 août 1865.

ROZE-*PRUNOY-DE-CHAMBOUZAN* (Louis-Antoine-Nicolas), lieutenant-colonel, né à Sens, le 30 septembre 1830, et *Louis-Antoine-Victor*, né à Paris, le 28 juillet 1844. D. du 31 juillet 1865.

ROY *de LONLAY* (Pierre-Auguste), député, né à Asnières, le 26 août 1818. D. du 4 avril 1866.

S

SAINT-LÉON-*BOYER-FONFRÈDE* (Jules), né à Toulouse, le 2 mars 1811. D. du 17 mars 1866.

SALERNE *d'AIGREMONT* (Pierre-Léopold), étudiant en médecine, né à Mantes, le 6 mars 1844. D. du 27 décembre 1865.

SOYER-*MAUROY* (Aimé-Fidèle-Constant), vérificateur des domaines, né à Ham, le 12 décembre 1826. D. du 31 juillet 1865.

T

TREY-PEYLAY-*SOULÉ* (Lubin), propriétaire, né à Guchen, le 15 mai 1818. D. du 28 juin 1865.

TUANE-*GENAUT* (Arthur-Gustave-Charles), né à Rouen, le 2 février 1844. D. du 17 mars 1866.

THÉREMIN *d'HAME* (Charles-Louis), général de brigade, né à Trèves (Prusse), le 1er octobre 1806. D. du 5 décembre 1866.

TALLIEN *de CABARRUS* (Julien-Dominique-Marie-Édouard), consul général, né à Versailles, le 4 juin 1822. D. du 7 novembre 1866.

THOMASSIN *de MONTBEL* (Paul-(Emile-Antoine), né à Marville, le 14 mai 1831. D. du 8 obtobre 1866.

TRECUL *de RENUSSON* (Georges-Louis-Charles), propriétaire et maire, né à Chartres, le 4 février 1839. D. du 11 août 1866.

TOULGOET-*TREANNO* (de) (Émile-Marie), propriétaire, né à Chassy, le 30 août 1833. D. du 17 mars 1866.

V

VUILLEFROY-*CASSINI* (Dominique-Félix), auditeur au Conseil d'État, né à Paris, le 2 mars 1841. D. du 26 avril 1865.

VAILLANT DE MEIXMORON *MATHIEU DE DOMBASLE* (Léon-Charles-Béningne), agriculteur, né à Roville, le 10 novembre, 1839. D. du 23 juin 1866.

VERDUN au lieu de COLLETTE dit VERDUN (Anna), née à Verdun en 1837; *Marie-Léonie*, née en 1838; *Adeline*, née en 1842; *Louis-Edmond*, né en 1844 D. du 4 avril 1866.

W

WANNESSON au lieu de LAMORT (Joseph-Dominique), né à Compiègne, le 20 juin 1841. D. du 2 mai 1866.

Y

YSARN *de CAPDEVILLE* (Jean-Bernard-Ernest), né à la Mothe-Capdeville, le 19 avril 1836. D. du 26 août 1865.

Z

ZYLOF *de STEENBOURG* (Louis-Floris), né à Cambrai, le 14 décembre 1809, et *Ernest-Marie-Floris*, né à Saint-Omer, le 9 août 1841. D. du 14 décembre 1865.

FIN DE LA LISTE ALPHABÉTIQUE

ERRATUM

AUBAN-MOE*T*-ROMONT.
MARTIN D'AIGUEVIVES DE MALARET.
CASANELLI D'ISTRIA, date 1761 1861
CASSIN-K*A*INLIS.
CLUQUO*T* DE BEYNE.
DUGARREAU *BEAUPOIL* DE SAINT-AULAIRE.
HA*U*DOS.
MARQUET-VASSELOT.
REBUT LA *R*OELLERIE.
RUINARD DE BRIMONT-BRASSAC, révoqué.
ROSELLY DE LORGUES, révoqué.

www.ingramcontent.com/pod-product-compliance
Ingram Content Group UK Ltd.
Pitfield, Milton Keynes, MK11 3LW, UK
UKHW021015220726
13924UKWH00002B/997

9 782019 679040